Oliver Georgi

DAS GROTESKE

IN LITERATUR UND WERBUNG

Oliver Georgi

DAS GROTESKE
IN LITERATUR UND WERBUNG

ibidem-Verlag
Stuttgart

Bibliografische Information Der Deutschen Bibliothek

Die Deutsche Bibliothek verzeichnet diese Publikation in der Deutschen Nationalbibliografie; detaillierte bibliografische Daten sind im Internet über <http://dnb.ddb.de> abrufbar.

∞

Gedruckt auf alterungsbeständigem, säurefreien Papier
Printed on acid-free paper

ISBN: 3-89821-253-X

© *ibidem*-Verlag
Stuttgart 2003
Alle Rechte vorbehalten

Printed in Germany

Inhaltsverzeichnis

1. Einleitung

Chimärische Zwitterwesen mit Tierkopf und Menschenleib, androgyne Riesen mit weiblichen Ober- und männlichen Unterkörpern, winzige Zwerge, die von einer riesigen Hand zerquetscht zu werden drohen - all diese oder ähnliche Phänomene bevölkern als groteske Gestalten schon seit der Antike unser Denken und unsere Vorstellungskraft. Schon in frühzeitlichen Höhlen wurden Malereien gefunden, die groteske Motive wie einen »spitzohrige[n] Zweibeiner mit einem Schnabel an der Schulter«[1] darstellen. Seit diesen frühen Kunstformen üben groteske Motive auf ihre Betrachter eine große Faszination aus und gleichzeitig jene spezifische Mischung von Angezogensein und Abstoßung, die für das Groteske charakteristisch ist. Nackte Frauengestalten, die auf den ersten Blick sehr anziehend wirken, entpuppen sich in der grotesken Darstellung als Chimäre mit Teufelsschweif und lediglich dem Oberkörper einer menschlichen Frau.

Jene »groben Späße und absonderlichen Abenteuer«, jene »Ausgeburten einer entfesselten Imagination«[2] sind seitdem vor allem in der Malerei des Mittelalters und der Renaissance von großer Bedeutung gewesen – man denke nur an die überbordende Kreativität Hieronymus Boschs, dessen düstere Welten von Mischwesen aus Teufeln, Tieren und Menschen bevölkert wurden. Je mehr das Groteske in der Bildenden Kunst an Bedeutung gewann, desto wichtiger wurden die Techniken des Grotesken wie die Morphologisierung von Tier und Mensch oder eine monströse Dimensionsverschiebung auch in der Literatur. Machte die »Affentheurlich Naupengeheurliche Geschichtklitterung« von Johann Fischart von 1575 den Anfang mit ei-

---

1 Peter Fuß: Das Groteske. Ein Medium des kulturellen Wandels. Köln 2002, S. 30f.
2 Fuß, S. 11.

ner Umsetzung grotesker Vielfalt in die Schriftsprache, so ist auch die weitere Literaturgeschichte erfüllt von unzähligen Beispielen grotesker Ausdrucks- und Stilformen. Zeugen hierfür sind etwa die Reiseschilderungen der frühen Weltumsegler am Ende des Mittelalters, die mit abenteuerlichen, grotesken Beschreibungen die »Erdrandsiedler« am Ende der damals bekannten Welt beschrieben. Ein weltberühmter Roman wie »Gullivers Reisen« von Jonathan Swift (1726) mit seiner monströsen Dimensionsverschiebung, die skurril-groteske Welt E.T.A. Hoffmanns in der Romantik, Romane von Franz Kafka wie »Amerika« oder »Der Prozess« und auch die Werke eines modernen Dramatikers wie Friedrich Dürrenmatt sind Beispiele für die Bedeutung des Grotesken in der weiteren Literaturgeschichte.

Doch die Bedeutung grotesker Stilformen beschränkt sich mitnichten auf das Feld der Bildenden Kunst oder der Literatur. Bis hinein in unsere heutige Mediengesellschaft zieht sich ihre Verwendung – vor allem auf dem Feld der zeitgenössischen Werbung sind Grotesken jeder Art und Variation nicht mehr wegzudenken. Das Groteske ist präsent in Kampagnen wie der dreibrüstigen Frau des Elektronikkonzerns »Media-Markt«, der »Puma«-Modellwerbung des Automobilherstellers Ford, in der ein Mischwesen aus Tier und Frau für das Fahrzeug wirbt, oder auch in der Reklame der französischen Kleiderfirma »Oui« für »Unisex-Mode« mit einem androgynen Mischmenschen aus weiblichem Ober- und männlichem Unterkörper.

Das Groteske scheint also kein vergangenes Phänomen der Kunst- und Literaturgeschichte zu sein, sondern spielt bis hinein in unsere heutige Zeit eine große Rolle. Aus diesem Grunde und vor allem vor dem Hintergrund, dass eine literaturwissenschaftliche Forschung auf diesem Gebiet noch nicht stattgefunden hat, ist eine vergleichende

Betrachtung des Grotesken in Literatur und Werbung gleicher Maßen notwendig wie spannend.

Zwar unterscheidet sich die Werbung vom Buch und damit der Literatur sehr - sie ist sehr viel flüchtiger und schnelllebiger, wird »im Vorbeigehen« konsumiert und hat, wird sie nicht selbst als Kunstform gesehen, als einziges Ziel die Gewinnung potentieller Produktkäufer. Gleichwohl bedient sie sich bei der bildlichen wie textlichen Darstellung doch scheinbar der gleichen Groteskentechniken.

Diese Feststellung führt fast zwangsläufig zur Frage nach der Intention des Grotesken in beiden Medien: Welche Bedeutung hat es jeweils in Literatur und Werbung? Ist die Funktion des Grotesken in Literatur und Kunst die gleiche wie jene in der Werbung, oder bedient sich die letztere nur des Grotesken, um völlig andere Ziele zu erreichen? Und wenn letztere Vermutung zuträfe: Ist es etwa möglich, dass das Groteske in der Werbung die gleiche Wirkung wie in der Literatur erzielt, obschon es aus einem völlig anderen Grund eingesetzt wurde?

Diese Fragen gilt es im Rahmen der vorliegenden Studie zu klären. Ihr Ziel wird es demnach sein, Gemeinsamkeiten und Unterschiede grotesker Gestaltungsformen und ihrer Funktionen in der Literaturgeschichte und der zeitgenössischen Werbung aufzuzeigen.

Zuvor wird jedoch zu fragen sein, was »das Groteske« überhaupt bezeichnet und wie es definiert werden kann. Hierzu soll unter Punkt 2.1 dieser Studie ein kurzer Exkurs zur Geschichte des Groteskenbegriffs erfolgen, um die Nutzung des Grotesken in verschiedenen Epochen voneinander abgrenzen und erkennen zu können, welche Bedeutung ihm jeweils zugeschrieben wurde. Dann wird es darum gehen, eine Definition des Grotesken zu erarbeiten, um groteske Ausdrucks- und Stilformen in der Literatur wie in der Werbung überhaupt präzise nachweisen zu können und somit ein Arbeitsmittel für die zu leistende Untersuchung zur Hand zu haben.

Daraufhin sollen anhand der Arbeiten zweier Literaturwissenschaftler exemplarisch zwei Theorien des Grotesken dargelegt werden: Die Studie Wolfgang Kaysers betrachtet das Groteske als »die entfremdete Welt«, die den Rezipienten schockartig mit einer unbekannten Realität konfrontiert; der Kölner Germanisten Peter Fuß sieht im Grotesken ein »Medium des kulturellen Wandels«[3], das vor allem an Epochengrenzen zur Abgrenzung einer geistigen wie kulturellen Strömung von einer vorangegangenen benutzt werde.

Im Anschluss an die Behandlung der Groteskentheorien werden diese am Beispiel dreier Texte aus der Literaturgeschichte zu verifizieren bzw. zu verwerfen sein. Anhand von Johann Fischarts »Affentheurlich Naupengeheurliche[r] Geschichtklitterung« aus dem Jahr 1575, dem »Goldnen Topf« von E.T.A. Hoffmann aus der Romantik des 19. Jahrhunderts und »Romulus der Große« von Friedrich Dürrenmatt aus der Moderne soll so exemplarisch die Funktion und Intention des Grotesken in verschiedenen Literaturepochen dargestellt werden. Dies ist notwendig, um schließlich am Ende des ersten Teils dieser Studie beantworten zu können, welche Bedeutung das Groteske in den untersuchten Werken hat und mit welcher Intention es von den Autoren dort verwendet wurde.

Im zweiten Teil der Studie soll näher auf das Groteske in der zeitgenössischen Werbung eingegangen werden. Hierbei wird es unter Punkt 3.2.1 zunächst nötig sein, das weite Feld der Werbeanzeigen für diese Untersuchung sinnvoll einzugrenzen und eine theoretische Einführung in die Werbestrategie zu geben, ohne deren Hilfe ein Verständnis werblicher Techniken nicht möglich scheint. Hierbei sind insbesondere die Werbetheorie Werner Kroeber-Riels, die die Bedeu-

---

3 Fuß, S. 13.

tung des (auch grotesken) Bildes als »Tor zum Anzeigenverständnis«[4] hervorhebt, als auch die Rezeptionswirkung des Bildes als »eye-catcher«[5] beim Betrachter zu berücksichtigen. Darüber hinaus wird im Punkt 3.2.2 die Frage diskutiert werden, wie und warum die Werbung sich immer in einem Grenzfeld zwischen einem allgemeingesellschaftlich akzeptierten Normenkonsens und einer notwendigen Erweiterung dieser Norm bewegt bzw. bewegen muss.

Unter Punkt 3.2.3 wird dann kurz die Arbeit des Deutschen Werberats im Mittelpunkt stehen, der – sozusagen als Kontrollinstanz des Erlaubten – die Grenze des werblich Akzeptierten überwacht. An seiner Arbeit wird zu zeigen sein, welche Wirkung das Groteske gerade in der heutigen Werbelandschaft haben kann und wie diese in Bezug auf die These von Peter Fuß zu bewerten ist.

Im Anschluss daran wird an verschiedenen Werbeanzeigen aus der Gegenwart exemplarisch verdeutlicht werden, auf welche Art und Weise Techniken des Grotesken in der Werbung verwendet werden, welche Funktion sie haben bzw. welche Wirkung sie auf den Rezipienten ausüben.

Feststellbar wird am Ende sein, dass sich die Groteskenfunktion in der Werbung auf der einen Seite in vielerlei Hinsicht von jener in der Literatur unterscheidet; dass sie auf der anderen Seite jedoch in vielen Punkten weitgehend die gleiche Funktion erfüllt wie in literarischen Texten. Aufbauend auf Peter Fuß' These vom Grotesken als einem

---

4 Werner Kroeber-Riel / Franz Rudolf Esch: Strategie und Technik der Werbung. Verhaltenswissenschaftliche Ansätze. Stuttgart 2000, S. 198.
5 Begriff aus der Werbetheorie: Eye-catcher, dt.: »Blickfang«: »Aufmerksamkeitsstarke Abbildung (z.B. ein kleines Kind, junges Tier usw.), ungewöhnliches grafisches Element oder interessante Schlagzeile (z.B. in einer Anzeige). Der Blickfang soll die Blicke flüchtiger Betrachter auf sich (bzw. in die Werbung) ziehen, sie also einfangen (= »Eye-Catcher«).« (Praxishandbuch Werbung: Werbe-Glossar.
http://www.praxishandbuch-werbung.de/1000/wg_b.html#2, 12.09.2002)

Medium der Transformation einer kulturellen Formation[6] soll verdeutlicht werden, dass auch die Werbung, die das Groteske als »eyecatcher«, als Mittel der Aufmerksamkeitsgewinnung nutzt, durch ihre Innovation die Grenzen des (werblich) Erlaubten sprengt und erweitert. Indem eine Werbung immer absonderlicher, innovativer und damit eventuell auch grotesker werden muss, um sich von den Anzeigen der Konkurrenten abzuheben, muss auch die Grenze des Erlaubten (in diesem Falle die Grenze des vom Konsumenten Gewohnten und Akzeptierten) überschritten werden – nur so kann sie auf längere Sicht im Gedächtnis des Betrachters gespeichert werden. Gleichzeitig wird deutlich werden, dass auch die Werbung immer von einem Spannungsfeld zwischen Anziehung – also der gutwilligen Speicherung der Kampagne im Gehirn des Betrachters und damit dem eventuellen Kauf des Produkts – und Abstoßung – der vielleicht eher abschreckenden Erinnerung an die Kampagne und damit der Ablehnung des Produktkaufs – lebt und auf diesem schmalen Grat balancieren muss. In diesem Sinne wird sich die Werbung als gleichsam idealtypisches Medium für die Wirkung grotesker Stilformen auf den Rezipienten erweisen, da jene über den Erfolg oder Misserfolg des Produkts entscheidet und deshalb mit höchstmöglicher Sorgfalt bedacht wird.

---

6 Vgl. Fuß, S.11ff.

2. Das Groteske in der Literatur

2.1 Geschichte des Groteskenbegriffs

Bevor in den folgenden Teilen dieser Studie die Ausformung und Nutzung grotesker Darstellungsweisen in der Literatur und der zeitgenössischen Werbung genauer untersucht werden wird, ist es zunächst notwendig, eine Abgrenzung und Beschreibung des Begriffs »grotesk« zu unternehmen. Vor dem Versuch einer Definition des umfassenden und selbst in der Forschungsliteratur bis heute nicht genau geklärten Begriffs des »Grotesken« erscheint es jedoch sinnvoll, einen kurzen Abriss der Bedeutungsgeschichte des Grotesken voranzustellen. Jener Geschichtsabriss kann sich aus Platzgründen nur auf die Darstellung von Tendenzen und Entwicklungslinien beschränken, nicht aber die Geschichte des Groteskenbegriffs in allen Einzelheiten behandeln.

Das Wort »grotesk« stammt vom italienischen Begriff »grotta« (Höhle) ab und bezeichnete seit dem Ende des 15. Jahrhunderts vorerst antike Ornamente, die zu jener Zeit in italienischen Höhlen gefunden wurden. Diese »chimärischen Höhlenmalereien«[7], angefertigt in der Spätantike beispielsweise zur Ausschmückung privater wie religiöser Paläste, wurden in der Folge als »grottesche« bezeichnet. In ihnen vermischen sich »unterschiedlich[e], oft disparat[e] Motiv[e] und Bildtraditionen. Pflanze, Tier, Mensch und Fabelwesen verbinden sich in [ihnen]; Proportionen und Symmetrien des Bekannten stellen sich [...] verzerrt dar«.[8] Wichtig erscheint in dieser Hinsicht die Tatsache, dass den antiken bzw. noch den Betrachtern aus der Renaissance die Emp-

---

7 Fuß, S. 31.
8 Walter Killy: Literaturlexikon. Begriffe, Realien, Methoden. Bd. 13. Gütersloh 1992, S. 378.

findung des Lachens beim Anblick der verzerrten Formen sehr vertraut war. Wilhelm Fraenger weist darauf hin, dass »die Antike mit
diesen Malereien einen komischen Sinn [verband]. Sie lachte vor diesen Bildern.«[9] Diese auf den ersten Blick vielleicht etwas beiläufige
Feststellung ist indes von großer Bedeutung, weist sie doch auf die in
einem späteren Abschnitt noch zu erörternde Verbindung des Grotesken mit der Komik hin.

Die Malersprache des 16. Jahrhunderts benutzte »grottesche« als
»kunsttechnischen Begriff«[10] für »abenteuerliche, Heterogenes beliebig
[vermischende] Ornamente und Rankenwerke aus Pflanzen- und Fa-
belmotiven«[11]. Raffael und seine Schüler belebten nach der Entdeckung der antiken Zeugnisse jene Bildhaftigkeit neu und verbreiteten
die vorerst auf den italienischen Raum beschränkte, groteske Kunstform bis nach Deutschland und in die Niederlande. Ganz allmählich
veränderte sich die Ausformung der Stilform: vom nur Ornamentalen,
von der verspielten Verzierung mit Blätterranken hin zum »dämo-
nisch-grotesken Ziermotiv«[12] mit dem »widrigsten Seegetier auf seinen
Blättern«[13]:

> »Schnecken und Schildkröten schleppen sich träge dahin. Borkige
> Krebse und Hummer greifen mit sperrigen Zackenbeinen um
> sich. Anstelle der schwingenleichten Fabeltiere der Antike trat
> hier eine Kameradschaft von Reptilien, die dem untersten und
> ungeformtesten Schöpfungsbereich entstammen. Nirgends findet
> man eine abstoßendere Unzucht der Form [...].«[14]

---

9 Wilhelm Fraenger: Formen des Komischen. Vorträge 1920-1921, Basel 1995,
   S. 15.
10 Otto Best: Das Groteske in der Dichtung. Darmstadt 1980, S. 11.
11 Hugo Friedrich: Montaigne. Bern 1949, S. 414.
12 Best, S. 17.
13 Ebd.
14 Ebd.

Die grotesken Malereien der Renaissance hoben die Grenzen des Natürlichen und Gewohnten auf – gleichzeitig wurde die Verbindung des Grotesken zum Ungeliebten, Verdrängten, Abseitigen – hier repräsentiert in Gestalt des Ungeziefers – in dieser Zeit evident.

Mit der »Affentheurlich Naupengeheurliche[n] Geschichtklitterung« Johann Fischarts aus dem Jahre 1575, einer Nachdichtung des ersten Bandes von Rabelais' »Gargantua und Pantagruel«, die in dieser Studie noch gesondert behandelt wird, wurde der italienische Ausdruck der »grottesche« zum ersten Male mit der Bezeichnung »grubengrottisch« in den deutschen Sprachraum eingeführt.[15] Fischart illustriert die Bedeutung seiner Wortneuschöpfung einerseits in zahlreichen Abbildungen mit chimärischen, unnatürlichen Motiven; auf der anderen Seite übersetzt er die Technik der grotesken Malerei erstmals in die Sprache. Mit überbordender sprachlicher Hyperbolik und experimenteller Dichtung hebt er auch in Form und Semantik die Grenzen des Natürlichen und Gewohnten auf - der Übergang des Grotesken vom nur Bildhaften in die Sprache hatte sich vollzogen. Fischart erreicht mit dieser Technik nicht nur eine schockierende, sondern zu gleichen Teilen auch eine komische Wirkung - ein Dualismus, der in hohem Maße kennzeichnend für groteske Darstellungsformen im Allgemeinen ist.

Die Rezeption des »Grotesken« wandelte sich im Laufe der Zeit vom nur Spielerischen, Phantasievollen in der Renaissance hin zu einer gering schätzenden Konnotation vor allem seit der Klassik. So kennzeichnet Karl Friedrich Flögel in seinem Werk »Geschichte des Groteskekomischen« (1788), der ersten wissenschaftlichen Analyse des Grotesken, das Wesen des Grotesken mit den Begriffen »überspannt,

---

15 Best weist in diesem Zusammenhang darauf hin, dass der Begriff »grotesk« erst in der Zeit nach 1750 »als allgemeines Kunstwort verwendet [wurde]« (Best, S. 12).

verzerrt, grillenhaft, wunderlich, phantastisch, monströs, unregelmä-
ßig, ausschweifend«[16]. Damit formuliert er eine Kritik am Grotesken,
die bis weit hinein in die Moderne eine Rolle spielte. Vor allem den
Aufklärern und deutschen Klassikern galt das Groteske als zu unnor-
miert, zu sehr abgewandt von der Rationalität. So unterwarf Gottsched beispielsweise die groteske Gestaltung dem Maß der Natur:
»Das Wunderbare muß noch allezeit in den Schranken der Natur bleiben und nicht zu hoch steigen«.[17]

Erst mit dem Aufkommen der Romantik stieg die Bedeutung des
Grotesken. Die Romantiker, die die bloße Deskription, die rationale
Beschreibung und Idealisierung der Natur wie in Aufklärung und
Klassik nicht unterstützten, sahen in der grotesken Darstellung eine
Möglichkeit, mit der »Nachahmungskunst [zu brechen]«[18] und die
»Autonomie dichterischer Imagination«[19] voranzutreiben. Für sie waren Techniken des Grotesken eine »authentische Sprache der Phantasie«.[20] Als exaltiertes Beispiel für das Groteske in der Romantik seien
hier die Werke E.T.A. Hoffmanns angeführt, auf den wir in einem
späteren Abschnitt noch zu sprechen kommen werden. Doch auch
Autoren wie er wurden für die Verwendung von Techniken des Grotesken schon zu ihrer Zeit stark kritisiert. So riet Goethe im Jahr 1827
in Bezug auf Hoffmann, man müsse sich »von diesen Rasereien lossa-
gen«, wolle man »nicht selbst toll werden«.[21]

---

16 Ebd.
17 Johann Christoph Gottsched: Versuch einer critischen Dichtkunst (1742).
   Leipzig 1962, S.190.
18 Killy, S. 378.
19 Wolfgang Preisendanz: Poetischer Realismus als Spielraum des Grotesken in
   Gottfried Kellers »Der Schmied seines Glücks«. Konstanz 1989, S.23.
20 Preisendanz, S. 25.
21 Johann Wolfgang von Goethe: Werke, Bd. 14. Hamburg 1956, S. 927f., hier
   zit. nach Fuß, S. 51.

Die »Marginalisierung des Grotesken«[22] setzte sich seit der Romantik bis in die Moderne fort. So wurden groteske Werke im Dritten Reich beispielsweise als »entartete Kunst« bezeichnet und verboten. Aufsätze wie »Negerplastik« von Carl Einstein[23], der als einer der ersten für eine gleichberechtigte Rezeption afrikanischer Kunst in Europa plädierte, die in besonderem Maße groteske Gestaltungsmittel nutzt, zeugen vom allgemein üblichen, extrem abwertenden Umgang mit grotesken Stilformen. So schreibt Einstein: »Kaum einer Kunst nähert sich der Europäer dermaßen misstrauisch, wie der afrikanischen.«[24] Weiter heißt es: »Der üblichen Verständnislosigkeit des Europäers für afrikanische Kunst entspricht die stilistische Kraft derselben; stellt sie doch einen bedeutenden Fall plastischen Sehens dar.«[25] Mit diesen Äußerungen versetzte Einstein die konservative europäische Kunstwissenschaft in Aufruhr – Stimmen wie jene Sascha Schwabachers waren gegenüber positiven Äußerungen weitaus in der Überzahl:

»In welch absonderliche Verstrickungen die Kunsttheorie von diesen allermodernsten Strömungen geführt werden kann, beweist das Werk Einsteins, der es in vollem Ernste unternimmt an Handen seines Materials, den plastischen Versuchen der Neger, eine neue Ästhetik der Plastik zu formulieren und sie gegen die gesamte abendländische Kultur auszuspielen.«[26]

Gleichwohl betont Peter Fuß, gerade die Moderne sei eine »groteske Epoche par excellence«[27] – die moderne Kunst speist ihren Ideenreichtum zu großen Teilen aus Techniken des Grotesken. Und tatsächlich spielt das Groteske seit dem letzten Jahrhundert eine ent-

22 Fuß, S. 14.
23 Carl Einstein: Negerplastik. Berlin 1992.
24 Einstein, S. 7.
25 Ebd., S. 11.
26 Rolf-Peter Baacke: Rezeptionsgeschichtliche Anmerkungen zur »Negerplastik«. In: Einstein, S. 153-160, hier S. 154.
27 Fuß, S. 54.

scheidende Rolle nicht nur in der bildenden Kunst, sondern auch in der modernen Literatur. Im Expressionismus wie auch bei Autoren wie Franz Kafka und Friedrich Dürrenmatt erfahren groteske Stilformen eine Renaissance.

2.2 Definition des Grotesken

Wie ist nun aber der in der Literaturwissenschaft ungenau umrissene Begriff des »Grotesken« zu definieren? Woran können groteske Stilformen in Texten und Bildern erkannt werden? Welcher Techniken bedient sich das Groteske?

Die Versuche der Literaturwissenschaft, das Wesen des Grotesken gleicher Maßen hinreichend wie eindeutig zu definieren, waren in den vergangenen Jahren ebenso zahlreich wie umstritten. Es kann dieser Studie an dieser Stelle deshalb nicht darum gehen, die verschiedenen Definitionen aufzulisten und eingehend zu besprechen. Vielmehr soll die umfassende Arbeit von Peter Fuß (»Das Groteske. Ein Medium des kulturellen Wandels«) als Grundlage einer Definition verwendet und in einigen Punkten ergänzt werden. Zwar gilt Wolfgang Kaysers Untersuchung »Das Groteske und seine Gestaltung in Dichtung und Malerei«[28] (1957) bis heute als Hauptbezugswerk; für unsere Zwecke« ist sie jedoch zu veraltet und schwammig.

Peter Fuß differenziert drei Mechanismen des Grotesken. Es seien dies:

---

28 Wolfgang Kayser: Das Groteske und seine Gestaltung in Dichtung und Malerei. Darmstadt 1957.

a) Monstrositas-Mechanismen

Hierunter sind Mechanismen der Verzerrung, also der Vergrößerung, der Verkleinerung, der Verschiebung der bekannten Relationen und Maße zu verstehen. Beispiele hierfür sind die verschobenen Größenverhältnisse in Swifts »Gullivers Reisen« oder auch der Riese Gargantua in Rabelais' »Gargantua et Pantagruel«[29]. Eminent wichtig ist zudem, dass Monstrositäten nicht nur in metaphorischer bzw. motivisch-figuraler Form, sondern auch in syntaktischer Form auftreten können. Beispielhaft ist in diesem Zusammenhang etwa Fischarts »Geschichtklitterung«, die in Form einer monströsen Reihung »die ungeheure Menge der Speisen und Getränke des Riesen aufzählt«[30]. Die Monstrositas-Formen im Grotesken spielen mit einer Dualität von Defizit und Hyperbolik.

b) Morphologien

Hierunter versteht Fuß die »textimmanent oder im Rezeptionsakt [vollzogene] Kollision des Deformen, Enormen und Abnormen mit der Norm«[31]. Die Vermischung kombiniert Unvereinbares und schafft so eine neue Realität. Hierbei können Morphologien verschiedenster Art auftreten; so zum Beispiel menschliche Morphologien, die die Geschlechter miteinander vermischen – so genannte »anthropomorphe Gestaltungsformen«. Darüber hinaus können tierisch-menschliche Morphologien, die Elemente des Tiers mit jenen des Menschen vermischen (biomorphe Gestaltungsformen) sowie technisch-menschliche bzw. nur technische Gestaltungsformen (technomorphe Formen) auftreten, die mit einem Eigenleben technischer Gerätschaften oder der Verschmelzung von Werkzeugen und Menschen zu einem neuen Wesen spielen. So entstehen Chimären, die

---

29 Francois Rabelais: Gargantua et Pantagruel, Frankfurt 1994.
30 Fuß, S. 312.
31 Fuß, S. 349.

kennzeichnend für das groteske Moment sind. Für den Literaturwissenschaftler Michail Bachtin ist das Chimärische gar »die Quintessenz des Grotesken«[32], da »die Funktion des Grotesken der Effekt einer Vermischung [sei]«[33]. Als literarisches Beispiel für chimärische Formen sei hier wiederum Rabelais' »Gargantua et Pantagruel« angeführt, tauchen dort doch die unterschiedlichsten Chimären auf: »Eine menschliche Gestalt, die statt eines Körpers eine Trommel hat. Eine andere trägt an Stelle des Bauchs einen Kessel mit dampfender Suppe. [...] Der Körper einer anderen Figur erweist sich durch den auf dem Rücken angebrachten Henkel als Kanne [...].«[34]

c) Invertierung

Die Verkehrung ist laut Fuß »die einfachste Form der Anamorphose. [...] Sowohl [die] Elemente als auch deren Relationen bleiben unangetastet. Die Struktur bleibt intakt. Sie wird lediglich auf den Kopf gestellt oder gespiegelt«[35]. Die groteske Invertierung kehrt also das Gewohnte und Normale um, so dass es zum Außergewöhnlichen, oft Unerlaubten und Verbotenen wird. Dies kann sich sowohl in bildlicher Hinsicht ausdrücken – beispielsweise in Salvador Dalis »Paranoidem Gesicht«[36], bei dem sich das Bild einer Gruppe Menschen vor einer Hütte bei einer Drehung des Gemäldes um 90 Grad als menschliches Antlitz entpuppt - als auch in der Literatur. Das berühmteste Beispiel für ein inverses Motiv findet sich in Rabelais' »Gargantua«: »[Es] ist wohl die Abtei Thelem, die die Regeln des Klosterlebens [...] auf den Kopf stellt. [...] Sie [...] hebt die Geschlech-

---

32 zit. nach Fuß, S. 349.
33 Ebd.
34 Fuß, S. 370.
35 Fuß, S. 245.
36 siehe hierzu Fuß, S. 248.

tertrennung auf.«[37] Gleichzeitig nimmt die Abtei nur schöne, wohlgestaltete Menschen ins Klosterleben auf, was wiederum für die »normalen Klöster« bedeutet, dass dort nur hässliche, missgestaltete Menschen zu leben scheinen.

Mit diesen Definitionen Fuß' wären bereits die drei gestalterischen Hauptkriterien für ein groteskes Moment beschrieben. Das Groteske birgt also die Vermischung von Realität und Fiktion in sich; eine »unnatürliche«, dem jeweiligen Rezipienten in dieser Form nicht bekannte Kombination von Unvereinbarem, von biologisch-ethnographischem Faktum und Fiktion.

Ein weiteres, ebenfalls sehr wichtiges Kriterium des Grotesken ist ein Dualismus zwischen Anziehung und Abstoßung, Faszination und Rückzug. Das »θαυμαζειν« (thaumazein[38]), also die schockartige Begegnung des Rezipienten mit der »anderen« Realität,

---

37 Fuß, S. 266.

38 Der griechische Begriff »thaumazein«, zu übersetzen etwa mit »Staunen« oder »Verwunderung«, wird von Aristoteles in seiner »Metaphysik« im Zusammenhang mit der Frage nach der Weisheit (sophia) verwendet. Ihm zufolge ist das Staunen der Anfang der Philosophie, da es »den Anreiz zu einer von allem utilitären Denken freien Erkenntnis gibt. [...] Und wie die Neugierde vergeht auch das Staunen, sobald die Einsicht erlangt ist. Wer staunt, ist unwissend [...], findet sich vor dem Unerklärlichen, das aber dann, wenn es schließlich erklärt werden kann, auch alles Erstaunliche verliert.« (Stefan Matuscheck: Über das Staunen. Eine ideengeschichtliche Analyse. Tübingen 1991, S. 10). Das »thaumazein« gilt Aristoteles somit als Schlüssel zur Erkenntnis – Düring übersetzt den Begriff dementsprechend auch als »Forscherneugierde« (zit. nach Matuschek, ebd.). Insofern entspricht Peter Fuß mit seiner Theorie des Grotesken als einem Medium des kulturellen Wandels dieser aristotelischen Sichtweise: Das Groteske verwundert den Rezipienten und setzt so den Ehrgeiz des Überwindens dieser Verwunderung frei. Der Wirkung des Grotesken als Einspeisungsquelle von Ambivalenzen entspricht Aristoteles überdies, wenn er davon spricht, dass die Menschen »sich anfangs über das unmittelbar Auffällige verwunderten, dann allmählich fortschritten und auch über Größeres sich in Zweifel einließen.« (Aristoteles: Metaphysik, Stuttgart 1984, 982b, 13-15; hier zit. nach Matuschek, S. 15.)

ist oftmals ambivalent und zwiespältig. Auf der einen Seite faszinieren monströse Gebilde wie etwa Fischarts Riese, andererseits wirkt die Monstrosität unnatürlich und abstoßend. Die Anziehung innerhalb des Dualismus kann sich auch auf das Feld der Erotik bzw. der sexuellen Anziehung erstrecken. Die Beispiele hierfür sind zahlreich; seien es antike Höhlenmalereien oder auch die »Artemis von Ephesos« aus dem antiken Griechenland, die mit ihren paar Dutzend Brüsten[39] zwar befremdlich erscheint, aber gleichzeitig auch bei manchen Betrachtern die sexuelle Begier weckt. Gerade dieser letzte Punkt wird bei der Beurteilung der Techniken des Grotesken in zeitgenössischen Werbeanzeigen noch wichtig sein.

Eine weitere Möglichkeit einer Anziehung innerhalb eines grotesken Motivs ist das Lachen. So spricht Peter Fuß in seinem Buch davon, das »Groteske [sei] sowohl lächerlich als auch unheimlich«[40] - diese Feststellung entspricht der schon erwähnten Dualität und Ambivalenz zwischen Anziehung und Abstoßung - und erweitert sie doch um das Feld der Komik. Groteske Formen sind häufig komisch, regen zum Lachen an – auch wenn das Lachen oftmals im Halse stecken bleibt.

Doch gerade die Komik als Beispiel für ein anziehendes Moment im Grotesken ist ein Bereich kontroverser Debatten in der Literaturwissenschaft. Vor allem die Abgrenzung des Grotesken vom Komischen und Begriffen wie der Satire, dem Absurden und der Ironie ist dabei umstritten.

---

39 Neueren Forschungen zufolge könnte es sich hierbei auch um Stierhoden handeln; schlussendlich ändert diese Interpretation jedoch nichts an der hier beschriebenen sexuellen Konnotation des Grotesken.
40 Fuß, S. 108.

Zur Klärung der Begriffe in der vorliegenden Studie soll die Forschung des Literaturwissenschaftlers Thomas Cramer zu Rate gezogen
werden, da seine Abgrenzung des Grotesken sehr stringent und nachvollziehbar erscheint. Im Grotesken, so Cramer, sei dem Menschen
»die Beherrschung [der Situation] entglitten – der Redner kann nicht
anders als lachen -, die Komik ist umgeschlagen: nicht mehr der
Mensch beherrscht die Komik, sondern die Komik beherrscht den
Menschen«[41]. Er definiert das Groteske als »den Umschlag der Komik
ins Irrationale durch das Zerreißen des Nexus zwischen Ursache und
Wirkung«.[42] Indem das groteske Moment die logische Kausalität infrage stellt, wird die rational vom Menschen beherrschbare Handlungsebene verlassen und letzterer an die Grenzen seiner Autonomie
geführt.

Somit wäre die Unterscheidung des Grotesken vom nur Komischen festgestellt: Im nur Komischen bleibt der Mensch der Herr der
Lage, das Lachen ist in diesem Falle ein überlegenes. Im Grotesken
jedoch sieht sich der Mensch bedrängt und von der Situation beherrscht; das Lachen wird »krampfhaft«[43] und hilflos.

Cramer grenzt das Groteske auch gegen das Absurde ab. Das Groteske gleiche dem Absurden, so seine These, da in beiden Formen »die
rationale Beziehung zur Realität gelöst [sei]«[44]. Im Absurden sei diese
Ablösung aber so weit gegangen, dass »die Realität völlig abgestreift
und in Vergessenheit geraten [sei]«; im Grotesken stelle sich indes »gerade die Hinspannung zur rationalen Wirklichkeit als wesentlich [heraus].«[45] Ein weiteres Kriterium für ein grotesktes Moment ist also ein
noch vorhandener Bezug zur Realität; in der Darstellung des

---

41 Thomas Cramer: Das Groteske bei E.T.A. Hoffmann. München 1966, S.
   18f.
42 Cramer, S.19.
43 Ebd.
44 Cramer, S.23.
45 Ebd.

Grotesken unter ihrer Prämisse entsteht dann erst die groteske Wirkung.

Auch die Satire, so Cramer, sei »dem Wesen nach rational«, da sie eine pädagogische Absicht beinhalte und sich so notwendiger Weise auf die Realität beziehen müsse, die sie verlache.[46] Somit entspricht das Groteske laut Cramer weder dem Absurden noch dem Satirischen, da es nur Teile der Realität grotesk verzerre und sich nicht in allen Punkten auf jene beziehe.

Eine »enge Verwandtschaft«[47] sieht Cramer zwischen dem Grotesken und der Ironie: »die Groteske ist eine der möglichen Erscheinungsformen der Ironie. In ihr werden die Spannungen, die in der Ironie intellektuell beherrscht sind, realisiert zu einer Faktizität, so dass sie nicht mehr ideal, sondern real sind, und sich so zu eigenen, unverbunden Welten emanzipieren können.«[48] Das Groteske, so könnte man nach Cramer also überspitzt formulieren, kann auch verstanden werden als faktische Umsetzung der Ironie.

Fassen wir zum besseren Verständnis in aller Kürze zusammen: Das Groteske setzt die bekannte Welt in ein Spannungsverhältnis zu einer erfundenen, irrealen Welt. Dabei verlässt sie die Realität niemals vollständig, sondern erreicht ihre Wirkung gerade durch die gleichzeitige Gegenüberstellung beider Zustände.

Das Groteske kann somit gelten als »das Phantastisch-Übertriebene, das Ungeheuerliche, das Furcht und Lachen erregt«[49]. Es wird vor allem durch drei Techniken in Kunst und Literatur - d.h. sowohl auf einer bildlich-metaphorischen als auch auf einer syntaktisch-sprachlichen Ebene - gestaltet: durch die Invertierung, das Monströse und die Verzerrung.

---

46 Vgl. Cramer, S. 24.
47 Ebd.
48 Ebd.
49 Best, S. 6.

2.3 Theorien des Grotesken

Nachdem wir im vergangenen Abschnitt versucht haben, eine Definition des Grotesken über eine Darstellung seiner Techniken zu geben, um groteske Elemente bei der späteren Betrachtung der Primärtexte aus der Literaturgeschichte und der zeitgenössischen Werbung erkennen zu können, so stellt sich im folgenden Kapitel nun die Frage, welche Funktion die Nutzung des Grotesken hat. Hierbei stellt sich die Frage, was Autoren und Künstler mit grotesken Gestaltungsformen erreichen und ausdrücken wollen – sie wird bei der Einordnung der literarischen Beispiele und Werbeanzeigen noch von hoher Bedeutung sein. Hierfür sollen zwei Groteskentheorien behandelt werden. Zum einen jene Wolfgang Kaysers aus dem Jahre 1957, zum anderen die wohl aktuellste auf diesem Gebiet: Peter Fuß' Studie über das Groteske als einem Medium kulturellen Wandels.

2.3.1 Das Groteske als entfremdete Welt (Wolfgang Kayser)

Der Literaturwissenschaftler Wolfgang Kayser publizierte im Jahr 1957 mit seinem »Versuch einer Wesensbestimmung des Grotesken«[50] ein Standardwerk der Groteskenforschung, das bis heute als Referenz selbst in neuesten Arbeiten genannt wird. Kayser untersuchte das Wesen des Grotesken auf die Frage seiner Funktion hin und wagte die Synthese der verschiedensten Groteskenformen zu einer Theorie des Grotesken. Dabei gelangte er vor allem zu einer Hauptaussage: »Das Groteske ist die entfremdete Welt«[51]. Groteske Gestal-

---

50 Wolfgang Kayser: Versuch einer Wesensbestimmung des Grotesken (1957). In: Otto F. Best (Hg.): Das Groteske in der Dichtung. Darmstadt 1980, S. 40-49.
51 Ebd., S. 44.

tungsformen, so Kayser, versinnbildlichten vor allem das Aufkeimen
des Unerlaubten, Verdrängten, Verbotenen – des Wahnsinns, der das,
»was uns vertraut und heimisch war, [...] plötzlich als fremd und unheimlich enthüllt«[52]. Im Grotesken werde die vertraute, heimische
Weltordnung des Rezipienten in größtmöglicher Plötzlichkeit erschüttert – so dass »die Kategorien unserer Weltordnung versagen«.[53] Kayser betrachtet die Techniken des Grotesken als Darstellungsmittel von
Dissoziationen verschiedener Art: solche der menschlichen Identität,
der Weltordnung, der religiösen Vorstellung. »Die Vermengung der
für uns getrennten Bereiche, die Aufhebung der Statik, [der] Verlust
der Statik«[54] – all diese für das Groteske charakteristischen Phänomene führt Kayser als Ausdrucksmittel der Dissoziation an. Das Groteske ist für ihn die Begegnung des Menschen mit der Unberechenbar-
keit. »Dämonische Kreaturen«[55] steigen aus dem Abgrund herauf und
zerstören den festgefügt geglaubten Ordo der Menschen. Die Dämo-
nen bleiben impersonal, denn »sobald wir die Mächte benennen und
ihnen eine Stelle in der kosmischen Ordnung anweisen könnten, ver-
löre das Groteske an seinem Wesen.«[56]

Kayser betont in seiner Theorie gleichzeitig, die künstlerische Gestaltung des Grotesken ermögliche zumindest die ungefähre Bewusst-
machung des Wahnsinns in der Welt, der vorher so vielleicht nicht
sichtbar gewesen sei – das Groteske wird für ihn zum Versuch, »das
Dämonische in der Welt zu bannen und zu beschwören«[57]. Dem Gro-
teskkünstler käme demnach die Aufgabe zu, den unerkannten Wahnsinn in der Welt näher zu konkretisieren und aufzudecken.

---

52 Ebd.
53 Ebd.
54 Ebd., S. 45.
55 Ebd., S. 41.
56 Ebd.
57 Ebd., S. 48.

Kaysers Groteskentheorie blieb nach ihrem Erscheinen für viele Jahre das Standardwerk in der Groteskenforschung. Gleichwohl zweifelten mehrere Literaturwissenschafter an Kaysers Auffassung und ergänzten sie bzw. verwarfen sie vollends. Ein Hauptkritikpunkt von Michael Steig lautet, Kayser habe »die Rolle der Angst«[58] überbewertet und die Bedeutung des Lachens im Grotesken wenig bzw. überhaupt nicht beachtet. Im Gegenteil werde die Funktion des Grotesken nicht nur aus der Angst, sondern vielmehr aus dem »durch übersteigert[e] Komik ausgelöste[n] Gefühl der Angst«[59] generiert. Andere Literaturwissenschaftler wie Carl Pietzcker kritisieren die Unschärfe des Kayser'schen Groteskebegriffs[60] gerade in Bezug auf die Abgrenzung von Formen des Komischen und des Absurden. Auch Thomas Cramer geht in seinem Werk »Das Groteske bei E.T.A. Hoffmann« auf Kaysers unzureichende Begriffstrennung des Grotesken vom Komischen ein und stellt diesem eine eigene Definition entgegen, die unter Punkt 2.2 bereits behandelt wurde. Darüber hinaus bezieht Kayser Sprachgrotesken wie Fischarts »Geschichtklitterung« in seine Untersuchung überhaupt nicht ein.

An dieser Stelle können sowohl die Groteskentheorie Kaysers als auch die literaturwissenschaftliche Diskussion über dieselbe aus Platzgründen nur exemplarisch angerissen werden. Gleichwohl wird an dieser Stelle deutlich, wie essentiell Kaysers Theorie - bei aller Kritik – als Referenz bis hinein in die heutige Forschung geblieben ist.

Als gewichtigster Kritikpunkt an Kaysers »Wesensbestimmung des Grotesken« erscheint die Tatsache, dass er die Funktion des Grotes-

---

58 Michael Steig: Zur Definition des Grotesken. In: Otto F. Best: Das Groteske in der Dichtung. Darmstadt 1980, S. 69-84, hier S. 70.

59 Steig, S. 75.

60 Vgl. Carl Pietzcker: Das Groteske. In: Otto F. Best: Das Groteske in der Dichtung. Darmstadt 1980, S. 85-102, hier S. 85.

ken auf die Darstellung der »entfremdeten Welt« und des abgründigen Wahnsinns beschränkt. Der Kölner Germanist Peter Fuß hat Kaysers Theorie hingegen in eine Richtung erweitert, die für die Fragestellung dieser Studie – nämlich jene nach der Funktion des Grotesken in Literatur und Werbung – von hoher Bedeutung ist.

2.3.2 Das Groteske als kulturgeschichtliche Konstante des Wandels (Peter Fuß)

Das Groteske ist für Peter Fuß nicht nur ein Medium zur Darstellung der »entfremdeten Welt« wie bei Wolfgang Kayser, sondern vor allem ein »Medium des kulturellen Wandels«[61]. Dabei übersetzt Fuß die im vorangegangenen Kapitel schon angesprochenen Techniken des Grotesken auf die höhere Ebene einer Kulturtheorie.

Das Groteske, so Fuß, sei ein »Produkt einer virtuellen Anamorphose der symbolischen Ordnungsstrukturen jener Kulturformation, in der es grotesk wirkt«.[62] Dies bedeutet, dass sich das Groteske bei der Neukombinierung von Vorhandenem auf die jeweilige Realität der Kultur, also beispielsweise die bestehende Gesellschaftsordnung, beruft. Die Dekomposition jener Ordnung geschieht Fuß zufolge dann auf den Bereichen der »Sprachordnung, Verhaltensordnung, Erkenntnisordnung und Geschmacksordnung sowie [auf] [den] ihnen zugrundeliegenden dichotomischen Raster[n] verständlich/unverständlich, gut/böse, wahr/falsch und schön/hässlich«.[63] Diese These erscheint sinnvoll und stimmig, erinnert man sich etwa an die unter Punkt 2.2 angesprochene Invertierung als Ausdrucksmittel der Groteske, in der die herkömmlichen Dichotomien umgekehrt

---

61 Fuß, S. 12ff.
62 Fuß, S. 13.
63 Ebd.

und so dekonstruiert werden. Das Groteske, so folgert Fuß weiter, erreiche sein Ziel der Dekomposition und schließlich des Kulturwandels durch die Herstellung einer Unbestimmtheit und Unsicherheit in Bezug auf die dem gesellschaftlich-moralischen Konsens unterworfenen und bis zur Dekomposition nicht infrage gestellten Regeln der Kulturformation: »Das Groteske liquidiert den dichotomischen Aufbau symbolisch kultureller Ordnungsstrukturen und ersetzt ihre Antagonismen durch Ambiguität«[64].

Dadurch also, dass das Groteske Dinge verkehrt und in Frage stellt, die bis dahin als Antagonismen, als religiös, soziokulturell oder tradiert-geschichtliche Sicherheiten sozusagen nicht diskutabel waren, schafft es eine Mehrdeutigkeit, die den Rezipienten die Richtigkeit des vorherigen Ordo anzweifeln lässt. Mit dieser Tatsache steht für Fuß auch eine »konstitutive Kernparadoxie« des Grotesken fest: »Es ist Teil jener Ordnung, deren (immanente) Dekomposition es betreibt. Es ist zugleich diesseits und jenseits der Grenzen seiner kulturellen Formation«[65].

Den Vorgang der Grenzziehung zwischen Erlaubtem und Unerlaubten einer Kulturformation beschreibt Fuß wie folgt: Indem eine Kultur das ihr Fremde und Unerlaubte marginalisiere, i.e. verschweige bzw. es als nicht zu begründende Tatsache aus ihrer Gesellschaft und deren Wertediskussion ausschließe, konstituiere sie ihre Grenzen. Im Grotesken jedoch komme jenes Ausgeschlossene und Marginalisierte erstmalig wieder zur Sprache, es werde benannt und konkretisiert auf ein Bild, personifiziert beispielsweise durch einen chimärischen Dämon Hieronymus Boschs. Das Fremde werde »rezentriert«, wieder ins Zentrum der Diskussion und der Auseinandersetzung gerückt. In dieser Rezentrierung, so Fuß, »kollidiert die Kultur mit ihrem Fremden. Diese Kollision erschüttert den Schein der Unhinterfragbarkeit, mit

---

64 Ebd.
65 Fuß, S. 14.

dem die Kulturordnung sich im Zuge ihrer Instituierung umgibt,
durch den Hinweis auf mögliche Alternativen.«[66] Das Phänomen der
Grenze versteht Fuß im Sinne Michel Foucaults, welchem zufolge sie
erst im Akt des Übertretens geschaffen werde: Die Übertretung »setzt
Grenzen und setzt sich zugleich über sie hinweg«[67]. So schreibt Foucault:

> »[Die] Übertretung überschreitet und überschreitet immer wie-
> der eine Linie, die sich hinter ihr sofort wieder schließt wie eine
> Welle des Vergessens, die aufs Neue bis zum Horizont des U-
> nübertretbaren zurückflutet. Aber dieses Spiel bringt mehr als
> nur diese Elemente ins Spiel; es siedelt sie in einer Ungewissheit
> an, in sofort sich verkehrenden Gewissheiten, in denen das
> Denken sich rasch behindert sieht, wenn es sie fassen will.«[68]

Die Grenze zwischen den Dichotomien entsteht erst im Moment des
Grotesken, da der Kulturformation die Grenze des Erlaubten durch
die klar tradierte, außerhalb jeder Diskussion stehende Verbannung
des Verbotenen noch nicht bewusst war.

Fuß bezieht sich in diesem Zusammenhang auch auf die These
Wolfgang Kaysers, das Groteske verliere seine Wirkung, wenn es benannt, wenn ihm also ein Platz in der Kulturformation zugewiesen
werde. Fuß stimmt Kayser zu, indem er sagt, »die Fremdheit, die
Nichtzugehörigkeit des Grotesken zur kulturellen Ordnung [sei] eines
seiner Hauptkennzeichen.« Doch führt er weiter aus: »Aber gerade in
seiner Nichtzugehörigkeit ist es Teil der Kulturformation.«[69] – da eine
Kulturformation ihre Grenze selbst bestimme, liegt Fuß zufolge auch
dasjenige außerhalb dieser Grenze innerhalb der Kulturformation.

---

66 Ebd.
67 Fuß, S. 55.
68 Michel Foucault: Zum Begriff der Übertretung (1963). In: ders.: Schriften
   zur Literatur. Frankfurt 1991, S. 69-89, hier S. 73.
69 Fuß, S. 73.

In der Folge, so Fuß, entstehe eine Unentscheidbarkeit zwischen den so fest geglaubten Dichotomien, »die zur Quelle der Veränderung werden kann. Die virtuelle Anamorphose symbolisch kultureller Ordnungsstrukturen eröffnet die Möglichkeit ihrer realen Transformation und hält die Kulturformation in Gang.«[70] Fuß betont an dieser Stelle explizit den »virtuellen« Charakter der Anamorphose, den sie ja tatsächlich hat: Groteske Erscheinungsformen sind nicht realiter vorhanden, sondern in der bildenden Kunst und der Literatur lediglich ein Gedankenprojekt, das aber gleichwohl zum Ausgangspunkt einer realen Veränderung des Wertekanons werden kann. Für Fuß ist dieser Vorgang der Transformation extrem wichtig und sogar essentiell notwendig für eine Kulturformation: »Andernfalls würde sie auskristallisieren, erstarren und schließlich zerbrechen.«[71] Der Vorgang der Einspeisung von Unsicherheit und Ambiguität in das System der Kulturformation rekurriert Niklas Luhmann zufolge vor allem auf zwei Phänomene: Die Erwartungsenttäuschung und den Widerspruch.[72] Und beide Phänomene dürfen als charakteristisch für das Groteske gelten. Anhand der Textbeispiele werden wir in einem späteren Kapitel noch einmal auf die beiden Punkte zurückkommen.

Wichtig erscheint in diesem Zusammenhang ebenfalls, dass Fuß die Verbindung des Grotesken zum Klassischen hervorhebt: Das Groteske stehe, so Fuß, »in Opposition zum Klassischen. Nur das Zusammenspiel der grotesken Liquidation und der klassischen Stabilisation symbolischer Ordnungsstrukturen ermöglicht die kulturelle Formation«[73].

---

70 Fuß, S. 14f.
71 Fuß, S. 15.
72 Vgl. Niklas Luhmann: Soziale Systeme. Grundriss einer allgemeinen Theorie. Frankfurt/Main 1984, S. 78f.
73 Ebd.

Das Groteske ist laut Fuß also eine »anthropologische Konstante« einer Gesellschaft, die als »Mechanismus der Kreativität«[74] mit dem Klassischen, Tradierten, Reaktionären um die Veränderung der gesellschaftlichen Verhaltens- und Normmuster im Wettstreit steht. Diese These wird uns bei den Textbeispielen wieder begegnen, denn die Vermutung liegt nahe, dass sich dieser Vorgang auch ideengeschichtlich in der Literatur zeigt. Besonders am Beispiel der Romantik und E.T.A. Hoffmanns wird dies noch zu diskutieren sein.

2.4 Ausformung des Grotesken in der Literatur

Im folgenden Kapitel soll nun anhand von Textbeispielen von Johann Fischart, E.T.A. Hoffmann und Friedrich Dürrenmatt erläutert werden, inwieweit Wolfgang Kaysers und Peter Fuß' Groteskentheorien verifiziert werden können oder nicht. Dies ist notwendig, um zu einer abschließenden Bewertung der Groteskenfunktion in der Literatur bzw. den hier angeführten Texten zu kommen, die dann mit einer im zweiten Teil dieser Studie zu beschreibenden Theorie einer Funktion des Grotesken in der heutigen Werbung zu vergleichen sein wird. Fischart, Hoffmann und Dürrenmatt erscheinen deshalb als Beispiele für die Ausformung des Grotesken in der Literatur geeignet, weil die Autoren zum einen zeitlich weit auseinanderliegen und somit diachron ein breites Spektrum der Literaturgeschichte abdecken. Zum anderen zählen sie zu jenen Schriftstellern, die das Groteske in besonderer Art und Intensität in ihrem Werk herangezogen haben.

---

74 Fuß, S. 15f.

2.4.1 Johann Fischart und die »fröhliche Anarchie«[75]

2.4.1.1 Biographisches zu Johann Fischart

Mit der »Affentheurlich Naupengeheurliche[n] Geschichtklitterung« schrieb der in Straßburg geborene Journalist und Satiriker Johann Fischart im Jahre 1575 die erste Sprachgroteske und gleichzeitig »eines der ,formlosesten' Werke deutscher Sprache«[76]. Dieses Hauptwerk Fischarts, eines »der fruchtbarsten und vielseitigsten Schriftsteller des Jahrhunderts«, eines Manns, der »[m]it gleichbleibender Gewandtheit [...] Kirchenlieder und grobianische Schwänke, harte, unbarmherzige Polemiken und komische Loblieder auf Gicht und Läuse [schrieb]«[77], gilt seither als Inbegriff eines grotesken Werkes in der Übergangsphase vom Mittelalter in die Neuzeit. Bevor wir allerdings genauer auf die »Geschichtklitterung« und ihre Gestaltung eingehen, erscheint eine kurze biographische Anmerkung zur Person Fischarts sinnvoll, da dessen Vita gerade für die Groteskenfunktion und damit den Hauptbelang unserer Studie von entscheidender Bedeutung ist.

Johann Fischart, geboren wohl 1546 oder 1547 in Straßburg, war ein Kind humanistischer Bildung, sprach mehrere Sprachen, studierte Jurisprudenz in Tübingen, Paris, Siena und Basel. Der Humanismus als neue geistesgeschichtliche Strömung nach dem Ende des Mittelalters und Ausdruck des Beginns der Neuzeit war schon in der Jugend prägend für Fischart, wurde dieser doch »in der Schule von Johannes Sturm - dem Leiter einer der führenden humanistischen Bildungsstätten im deutschen Raum - nach strengsten humanistischen Regeln er-

---

75 Renate Lachmann: Vorwort zu: Michail Bachtin: Rabelais und seine Welt. Volkskultur als Gegenkultur. Frankfurt 1995, S. 7-48, hier S. 9.

76 Martin Christoph Mühlemann: Fischarts »Geschichtklitterung« als manieristisches Kunstwerk. Verwirrtes Muster einer verwirrten Welt. Zürich 1972, S. 18.

77 Mühlemann, S.11.

zogen.«[78] Vieles spricht dafür, dass Fischart, der neben seiner juristischen Tätigkeit als Verleger, Autor, Journalist und Publizist arbeitete, ungemein belesen war: Mühlemann weist in diesem Zusammenhang darauf hin, dass »Sturm seine Schüler angehalten hat, sich Sammlungen mit Zitaten und Wendungen der antiken Autoren anzulegen«[79] – die »Geschichtklitterung« gibt in endlosen Werkaufzählungen über diese Belesenheit Aufschluss. Als vielseitig gebildeter Schriftsteller war Fischart »wie kaum ein anderer Dichter seines Jahrhunderts«[80] interessiert und verstrickt in die politischen, religiösen und wissenschaftlichen Auseinandersetzungen der Epoche. Vor allem der religiöse Aspekt spielte in Fischarts Leben eine entscheidende Rolle: Er wird - als Protestant im reformatorischen Milieu Straßburgs aufgewachsen - deutlich als vehementer Gegner eines unaufgeklärten, regressiven Katholizismus. Sein Werk ist gekennzeichnet von extrem polemischen Schriften gegen Institutionen der katholischen Kirche (»Der Barfüsser Secten und Kuttenstreit«, »Dominici Leben«, »Jesuiterhütlein«[81]). Rüdiger Zymner beschreibt in Bezug auf Fischarts Ansichten und Positionierungen in seiner Zeit vor allem vier Themenkomplexe als zentral für sein Schaffen: Scholastik versus Humanismus, Militarismus versus Friedensliebe, den Katholizismus sowie eine exzessive Völlerei.[82]

Die genauer zu behandelnde »Geschichtklitterung« ist hiermit bereits näher verortet als Werk eines Autors, der sich in einer Zeit des Umbruchs gesellschaftlich wie politisch sehr interessierte und oft öf-

---

78 Mühlemann, S. 150.
79 Ebd.
80 Mühlemann, S. 153.
81 Vgl. Wolfgang Hoerner: Im wilden Wald der Wörter. In: Johann Fischart: Affentheurlich Naupengeheurliche Geschichtklitterung. Mit einem Auszug aus dem Gargantua des Rabelais. Frankfurt / M. 1997, S. 9-32, hier S. 13ff.
82 Vgl. Rüdiger Zymner: Manierismus. Zur poetischen Artistik bei Johann Fischart, Jean Paul und Arno Schmidt. Paderborn 1995, S. 145.

fentlich äußerte. Kennzeichnend für Fischarts Generation scheint eine Orientierungslosigkeit, die im Übergang von Mittelalter und Neuzeit noch nicht zu neuen Wertkategorien gefunden hat:

»Zu Fischarts Lebzeiten sind Humanismus und Reformation selbst wieder in Dogmatik und Untoleranz [sic!] erstarrt. Das große religionskämpferische Pathos hat sich abgenützt. Der Versuch, der spätmittelalterlichen Auflösung mit einem neuen Weltbild und einer neuen geschlossenen Ordnung zu begegnen, ist vorläufig gescheitert. Da eine große, verbindende Idee fehlt, wird um Kleinigkeiten gestritten. Denn gerade der Zerfall der römischen Kirche und die Desillusionierung innerhalb des Protestantismus zeigen die Hinfälligkeit großer Gedanken aufs Eindrücklichste. [...] Andererseits trägt auch die Erweiterung des Horizontes, wie sie der Humanismus gebracht hat, zur weltanschaulichen Skepsis bei. Die Wahrheit jedenfalls gibt es nicht mehr, und darum wird die Summation aller ‚Wahrheiten‘ versucht: darum ist einmal das eine, gleich darauf das andere ‚wahr‘. Nichts und Alles!«[83]

Als »Gegenentwurf« zu dieser Krise breitet sich im 16. Jahrhundert in der bildenden Kunst und der Literatur der Manierismus aus - eine Kunstrichtung, die mit der Verwendung neuer Stile und Formen zu einer »Einheit in der Vielfalt«[84] gelangen will. Prinzipien und Ziele dieser Strömung sind die Verneinung der Normativität, die Abkehr von den Prinzipien der Objektivität und Rationalität, die Abwendung vom Klaren, Eindeutigen, nicht Hinterfragten. Der Manierismus verzerrt und übersteigert die Objekte der Betrachtung – oftmals mit Hilfe des Grotesken. So weist diese Tatsache auf Peter Fuß' These vom Grotesken als »Transformationsmerkmal«[85] an Epochengrenzen zurück –

83 Mühlemann, S. 52.
84 Mühlemann, S. 121.
85 Vgl. Fuß, S. 17f.

eine Verbindung, die anhand der »Geschichtklitterung« noch zu behandeln sein wird.

Mühlemann wie Zymner und andere Literaturwissenschaftler haben Fischart und sein Werk als »manieristisch« bezeichnet. Fischart sei »ein typischer Mensch des Umbruchs und der Krise, ein von der Unruhe seiner Zeit gezeichneter Dichter, dem allenfalls – und das ist bezeichnend für alle Dichter des Manierismus – noch die Sprache vorübergehend Halt zu bieten verspricht.«[86] Die »Geschichtklitterung« ist Mühlemann zufolge »der zwiespältige [...] Versuch, einer der Erschöpfung zuneigenden literarischen Formenwelt und den unlösbaren Gegensätzen der Krisenzeit in einen autonomen Bezirk des spielerischen Sprachschaffens zu entfliehen.«[87] Diese These erscheint hingegen aus vielen Gründen strittig; auf sie wird später noch zurückzukommen sein. Denn Fischart selbst schreibt im Vorwort zur »Geschichtklitterung«, er wolle »ein verwirretes ungestaltes Muster der heut verwirrten ungestalten Welt«[88] entwerfen.

2.4.1.2 Die »Affentheurlich Naupengeheurliche Geschichtklitterung«

Die »Geschichtklitterung« ist eine Übersetzung und Erweiterung des bereits 1535 erschienenen Romans »Gargantua et Pantagruel« des Franzosen François Rabelais – einer Geschichte über Leben und Taten des Riesen Gargantua und seines Sohnes Pantagruel. Allerdings darf Fischarts »Geschichtklitterung« nicht als bloße Übersetzung angesehen werden - er hat sie zweimal überarbeitet und erweitert, so

---

86 Mühlemann, S. 154f.
87 Mühlemann, S. 20.
88 Fischart, S. 40.

dass die »Geschichtklitterung« den dreifachen Umfang des Originals hat. Fischart übersetzt Rabelais recht genau, unterbricht die Übersetzung jedoch ständig mit eigenen Einschüben, endlosen Aufzählungen, Zitaten und Neologismen. Mühlemann spricht davon, dass Fischarts Schaffen das Gedankengut des Späthumanismus mit der Formensprache des Spätmittelalters verbinde und »einen schrankenlosen Individualismus [und] eine[n] Sprachrausch von persönlichster Prägung [...]«[89] schaffe. Schon der Titel des Werkes weist mit dem Neologismus »Geschichtklitterung« auf den grotesk-ironischen Charakter des Buches hin: Das von Fischart häufig gebrauchte Wort »klittern« kann übersetzt werden mit »klappern, klopfen, kleine unnütze Sachen verfertigen«[90]. Eine »Geschichtklitterung« ist im Sinne Fischarts dann eine selbst zusammengesponnene, mit unnützen Nebensächlichkeiten gespickte Darstellung einer Geschichte. Rüdiger Zymner weist in diesem Zusammenhang darauf hin, dass schon die Formulierung »Geschichtklitterung« das Werk »vollends in den Bereich der Komik oder des Juxes umkippen [lasse]«[91].

Zunächst soll an dieser Stelle zum besseren Verständnis eine kurze Inhaltsangabe der »Geschichtklitterung« erfolgen; danach sollen drei groteske Passagen analysiert und auf ihre Eigenarten hin untersucht werden.

Der verfressene Riesenkönig Grandgauchier nimmt nach langem Warten endlich die Prinzessin Gargamelle zur Frau. Gargamelle wird schwanger und gebiert im elften(!) Monat ihrer Schwangerschaft während eines orgiastischen Festes einen Sohn – Gargantua. Dies ge-

---

89 Mühlemann, S. 31.
90 Ute Nyssen: Glossar zu Johann Fischart: Geschichtklitterung. Worterläuterungen zum Text der Ausgabe letzter Hand von 1590 nach der Neuausgabe 1963. Düsseldorf 1964, S. 19.
91 Zymner, S. 94.

schieht jedoch nicht auf dem »normalen« Weg, sondern durch ihr lin-
kes Ohr. Im Alter von fünf Jahren entdeckt Grandgauchier Gargantuas großen Intellekt und lässt ihn hernach durch verschiedene Lehr-
meister ausbilden. Da dies nicht den gewünschten Erfolg erzielt, vertraut er Gargantua dem Lehrer Ponocrates an. Dieser reist mit Gargantua nach Paris. Als in der Heimat ein Krieg zwischen Grandgauchier und dem Nachbarkönig Picrochol ausbricht, bei dem sich vor
allem der Mönch(!) Jan Ohnkapaunt auszeichnet, wird Gargantua von
seinem Vater zurückgerufen und zum Heerführer ernannt. Zusammen
mit Jan besiegt Gargantua den Feind, behandelt diesen jedoch nach
dem Sieg mit Gnade und Großherzigkeit. Der tapfere und hilfreiche
Mönch Jan darf zur Belohnung eine eigene Abtei und einen Orden
gründen – die im vergangenen Kapitel schon angesprochene »Abtei
Willigmut« (bei Rabelais: Abtei Thelem) mit ihren illustren und invertierten Bewohnern, deren Leitspruch ist: »Thu was du wilt.«[92]

Nun sollen drei Textstellen aus der »Geschichtklitterung« exemplarisch analysiert werden. Als erstes Beispiel scheint das fünfte Kapitel –
das »Ehekapitel« – besonders geeignet, wurde es doch nicht von Rabelais übernommen, sondern von Fischart autonom verfasst. An ihm
wird somit – mehr als an den von Rabelais übernommenen Textstellen – eine eigene Intention und Schwerpunktbildung Fischarts deutlich. Für die Verwendung des Grotesken und damit unser Thema hat
das Kapitel deshalb eine besondere Aussagekraft. Zudem kann man
an ihm sehr deutlich Fischarts Arbeitsweise und seine Verwendung
von Techniken des Grotesken nachvollziehen. Von Bedeutung ist
hierbei ebenfalls, dass das Thema »Ehe« Fischart in mehreren Publika-
tionen beschäftigt hat und außerdem als typisch und symptomatisch
für die Zeit des ausgehenden Mittelalters gelten darf:

---

92 zit. nach Zymner, S. 148.

»Das sprunghafte Anschwellen der Eheliteratur Ende des 15.
und im 16. Jahrhundert, die leidenschaftlichen Kontroversen
für und wider die Ehe weisen auf die große Problematik der Institution in theologischer, moralischer, ethischer, aber andeu-
tungsweise auch schon in psychologischer Hinsicht. Die Rolle
der Frau ist zwielichtig geworden.«[93]

Das Ehe-Kapitel erscheint deshalb von so hoher Wichtigkeit für das
Verständnis der Groteskenfunktion bei Johann Fischart, weil in ihm
ein gesellschaftliches Phänomen der Zeit - und vor allem dessen nach-
lassende dogmatische Kraft – ironisch zur Diskussion gestellt wird.
Eine tief im mittelalterlichen Geist verwurzelte Institution beginnt
hier fragwürdig zu werden.

Das fünfte Kapitel handelt von der Heirat Grandgauchiers mit seiner Gargamelle und ist überschrieben:»Mit was wichtigem bedencken
unser Held Grandgauchier zu der Ehe hab gegriffen, und sich nicht
vergriffen.«[94] Der Erzähler preist zu Beginn des Kapitels die Ehe als
gesellschaftlich eminent wichtige Institution:

> »Seit einmal der Mensch sonderlich zu eim geselligen, leutseli-
> gen, selhafften lebwesen ist geschaffen: Unnd also, anhengig
> zuschliessen, auch zu der ehlichen Haußhaltung naturneigig ge-
> ordenet: Dann durch zusamenwachsung, unnd vernachbaurung
> einer ganzten Freundschafft wird ein gaß besetzt, auß vielen
> gassen ein Flecken, auß eim Flecken ein Statt, auß Stätten ein
> Land: auß Landen ein Königreich und Keyserthumb, auß Kay-
> serthummen die Welt, auß der Welt das Paradiß.«[95]

Für ihn scheint hier keinerlei Zweifel an der Bedeutung der Ehe für
die Ordnung und Bestandskraft der Welt zu bestehen – das traditio-
nelle, von kirchlicher Dogmatik geprägte Eheverständnis ist scheinbar

---

93 Mühlemann, S. 50.
94 Fischart, S. 153.
95 Fischart, S. 168.

auch das seine. Mühlemann merkt hierzu an: »Man glaubt, Pestalozzi oder Gotthelf zu hören«[96]. Und auch im weiteren Verlauf des Kapitels preist der Erzähler die Bedeutung von Ehefrau und Kindern als Voraussetzung für ein glückliches Leben und eine stabile Gesellschaft, wenn er beispielsweise sagt, die Kindern seien »Pfandschilling, Stärckung und Confortatif der Ehelichen pflicht«[97] und machten dem Vater »alle arbeit süß«[98].

Doch mischen sich auch zunehmend Zweifel an der Ehe in die Schilderungen, die anfangs nur unterschwellig erkennbar sind, später jedoch offen zutage treten. So ist in einer späteren Passage davon die Rede, die Kinder seien für den Vater »sein ewige gedächtnuß, immerwirigkeit und unsterblichkeit, inn denen er wie eyn mürber Käß zu vielen stücken zerfällt [...]«[99] – der Vater profitiert also letzten Endes nicht von seinen Kindern, indem sein Geschlecht und sein Charakter durch sie erhalten werden, sondern sein Wesen zerfasert und stirbt als Einheit mit der Geburt der Kinder. Die Ironie und damit die Bedeutung des Lachens als einer die Institution der Familie zumindest literarisch infrage stellenden Instanz werden bereits hier evident: Indem über das ungewöhnliche, grotesk invertierte Familienverständnis gelacht werden kann, kommt unweigerlich die Möglichkeit des »Anders-Seins« des Ordo zum Ausdruck. Renate Lachmann spricht in diesem Zusammenhang vom Lachen als einem probaten Mittel der »Volkskultur der Renaissance«[100], und Michail Bachtin, von dem hier noch die Rede sein wird, sieht in ihm »das Wissen um die Möglichkeit einer vollständigen Abkehr von der gegenwärtigen Ordnung«[101]. Für ihn beschreibt das

---

96 Mühlemann, S. 50.
97 Fischart, S. 173.
98 Ebd.
99 Ebd.
100 Lachmann, S. 9.
101 Ebd.

»Spiel der karnevalesken Verkehrung der offiziellen Welt die
Ahnung einer anderen, in welcher Antihierarchie, Relativität der
Werte, Infragestellung der Autoritäten, Offenheit, fröhliche
Anarchie, Verspottung aller Dogmen Geltung haben, wo Syn-
kretismus, die Vielzahl der Perspektiven zugelassen sind.«[102]

Auch die Bedeutung der Ehefrau betont der Erzähler zu Beginn des
Kapitels: Sie sei dem Mann

>»ein Gesellin [...] inn der Not, seins hertzen ein Sessel, seim
Leib ein küssen und elenbogensteurerin, seines unmuts ein
Geig, sein Ofenstütz, das ander Beyn am Stul, die ihm auff
dem Kopf helf tragen, was er auff der Achssel tregt [...]«[103]

Mann und Frau werden hier als zwei Schalen einer Waage geschildert,
die sich gegenseitig stützen und so zu einem Gleichgewicht in der Ehe
gelangen. Der Frau kommt hierbei die Rolle des Korrektivs zu, indem
sie den Mann in schwierigen Lagen pflegt, umsorgt und seine Launen
nivelliert. Interessant ist, dass Fischart für die Beschreibung der Ehefrau Formulierungen benutzt, die der Leser so nicht gewohnt ist: Er
verwendet Metaphern aus dem technischen Bereich (»das ander Beyn
am Stuhl«) und mischt gegensätzliche bzw. in dieser Kombination
nicht bekannte Gegenstandsbereiche. So wird die Frau beispielsweise
als »seines unmuts ein Geig« beschrieben – eine sinnvolle Übersetzung dieser Metapher scheint auf den ersten Blick nur schwer möglich. Wahrscheinlich will Fischart hier ausdrücken, dass die Frau den
Unmut des Mannes besänftigt, indem sie ihn erheitert und durch ihre
Anwesenheit vom Alltagsstress ablenkt – der Musik wird ja auch ganz
allgemein eine beruhigende Wirkung zugeschrieben. Wir haben es hier
mit einer grotesken Metapher zu tun, bei der ein diffuses Gefühl – der

---

102 Ebd.
103 Fischart, S. 180.

Unmut – mit einer Geige verbunden wird – ein Abstraktum mit einer technischen Gerätschaft. Fischart kreiert hier ein Bild, das in dieser ungewöhnlichen Kombination noch nicht bekannt sein dürfte.

Auch die Formulierung »seins hertzen ein Sessel« kombiniert Bekanntes auf ungewohnte Weise neu: Die Frau wird dargestellt als ein Sessel für das Herz des Mannes, d.h. im übertragenen Sinne, der Mann könne sich mit seinem Herzenskummer und seinen Gefühlen in diesen »Sessel«, also die Liebe und Fürsorglichkeit der Frau, fallen lassen und sich in diesem Refugium gut aufgehoben und verstanden wissen. Auch hier werden einem Gefühl – symbolisch ausgedrückt durch das Herz – dingliche Eigenschaften überschrieben – nämlich die Fähigkeit des »Sich-Fallen-Lassens« in den schützenden »Sessel«, den die Fürsorge der Frau darstellt. Somit werden auch hier ein Abstraktum und ein technisches Gerät zueinander in einen Sinnzusammenhang gebracht – eine Form der technomorphen Chimäre liegt vor.

Zwar kombinieren Metaphern als bildhafte Vergleiche a priori Bekanntes in neuer Manier; Fischarts Verwendung grotesker Chimärenformen allerdings überschreitet das auch zu seiner Zeit als bekannt vorauszusetzende Repertoire an Metaphern, indem er das Spektrum der Kombinationsfähigkeit erweitert. So nutzt er eindeutig groteske Stilmittel. Denn wie schon im ersten Teil dieser Studie herausgearbeitet wurde, sind das Chimärische, also die Vermischung nicht zueinander zugehöriger Wesens- und Stoffbereiche sowie die Neukombination von Vorhandenem in einer ungewohnten Art und Weise charakteristisch für das Groteske.

Auch die Ironie als zentrales Merkmal Fischart'scher Schreibweise wird an dieser Stelle sichtbar. Der Dichter verbindet ironische Momente mit grotesken, chimärischen Neukombinationen und ruft damit jene doppelbödige Mischung aus Lachreiz und Abstoßung hervor, die für das Groteske typisch ist. Nicht Grauen und Anziehung im Sinne Kaysers, sondern Komik und fröhlich-satirische Infragestellung sind die Dichotomien bei Fischart. Insofern entspricht er Thomas Cramers These vom Grotesken als einer faktisch-realen Umsetzung der in der Ironie intellektuell beherrschten Spannungen.[104]

Besonders an der nun folgenden Stelle reizt Fischart die Techniken des Grotesken aus, um auf der einen Seite die unvergleichliche Bedeutung der Ehefrau für den Mann zu betonen, dies andererseits im gleichen Atemzug jedoch wieder zu relativieren:

> »Sie ist sein Handhab, sein Haußhab, sein Brustgesell, sein Wärmpfann, recht Kirsensecklin, wie David eins im alter begert: sein Haußehr, Hausstreu, Haußfreud, Haußzierd, Haußstern, Haußmon, sein Morgenröt, wann sie spat nidergeht, ja sein Glück, wenn sie bald abgeht, sie ist seins lebens labung, Bettgenoß, Lebensgespan, sein Kuchen Keyserin, sein Besemsfürstin, sein Kunckelgräfin, Spindelsceptrige Windelkönigin, HaußGlück, Haußdünck, Haußschmück, sein Schweitzerisch und Schottisch Leibsgwardi, [sic!] sein Dietartzt, Mundsaltzerin, Mundküchin. [...] Ja im Bad, inn der Bütten, auff dem Schrepffbanck, inn der Senfften, inn der Kammer, mit welcher er ungehindert mag schertzlen, sterzelen, mertzelen, kützeln, kritzeln, schmützeln, schwitzeln, Pfitzelen [sic!], dützelen, mützelen, fützelen, fürtzeln und bürtzeln [...]«[105]

Besonders Fischarts Lust am klanghaften Sprachspiel wird an dieser Stelle evident. So finden sich sehr viele Alliterationen, die teilweise mit Epiphern kombiniert werden (»Handhab, Haußhab, Haußehr, Hausstreu, Heußfreud [...]«) – durch den Gleichlaut erreicht Fischart eine

---

104 Vgl. hierzu diese Studie, S. 26 bzw. Cramer, S. 24.
105 Fischart, S. 188f.

Monotonie und rhythmische Schnelligkeit, die die Ernsthaftigkeit des Lobs in vorangegangenen Stellen höchst fraglich macht. Gleichzeitig findet sich hier Fischarts Technik der schier endlosen Reihung als monströser Form des Grotesken wieder, die ebenfalls das Vorangegangene ironisiert und relativiert. Interessant sind an dieser Stelle Fischarts chimärische Wortkombinationen, mit denen er Wörter mischt, die nichts miteinander zu tun haben: »Haußehr, Hausstreu, Haußfreud, Haußzierd, Haußstern, Haußmon [...]« – er behält im ersten Teil des Kompositums das Phonem »Haus« (auch syntaktisch variiert durch das ß) bei und variiert dann das Gesamtwort durch Hinzufügung eines fast beliebigen zweiten Partikels. Fast scheint er alle Möglichkeiten der Kompositabildung durchdeklinieren zu wollen, wenn er mit »Haußstern« und »Haußmon« auf Begriffe aus der Astronomie rekurriert.

Von Bedeutung ist ebenfalls die schon angesprochene Klangwirkung der Sprachspiele, auf die Fischart großen Wert legt. So baut er im fließenden Text einen umklammernden Reim ein (»Haußglück, Haußdünck, Haußschmück«), der als klangliches Element die Aufzählung an dieser Stelle noch betont.

Und noch an einer anderen Stelle zeigen sich parallel mehrere Arbeitsweisen Fischarts: die monströse Reihung, die klangliche Ausarbeitung durch Gleichlaute sowie die Bildung von Neologismen durch Variation bzw. Neukombination. Wenn der Erzähler in übertriebener Kindersprache von »schertzlen, sterzelen, mertzelen, kützeln, kritzeln, schmützeln, schwitzeln [...]« als recht eindeutigen Synonymen für den Geschlechtsakt spricht, dann schafft er Neologismen, indem   einen Teil des vorangegangenen Wortes syntaktisch oder phonetisch beibehält und etwas Neues addiert. Von »sterzelen« auf »mertzelen« behält er die letzten beiden Silben »elen« bei und variiert das Wort, indem er einen Gleichlaut zu »sterz« – in diesem Fall »merz« hinzufügt. Im Falle von »kützeln« und »kritzeln« spielt er mit dem ähnlichen Klang der beiden Vokale ü und i, um zwei fast gleichlautende und in ihrer Neu-kombination doch verschiedene Worte zu bilden. Über diese sprach-lich-syntaktische Ebene der grotesken Wortbildung und monströsen Reihung hinaus stellt die Erzählerinstanz so auch semantisch die Ernsthaftigkeit des vorherigen Ehelobs infrage, wenn sie von »fürt-zeln« und »bürtzeln« spricht. »Fürtzeln« lässt an »furzen« denken; »bürtzeln« rekurriert recht eindeutig auf die Bürzeldrüse bzw. Schwanzfedern bei Enten, was auf den Vergleich des Geschlechtsakts von Mann und Frau mit dem zwischen Erpel und Ente hindeuten würde.

Diese Analyse der Arbeitstechnik Fischarts kann hier aus Platz-gründen nur exemplarisch bleiben. Klar wird jedoch, wie dieser sich mit den Mitteln der Laut- und Sprachmalerei, der sprachlichen wie syntaktischen Hyperbolik und der chimärischen Sprachschöpfung bzw. der Neologismenbildung grotesker Stilmittel bedient, um iro-nisch Zweideutigkeiten zu schaffen. Das anfangs so sorgfältig aufge-baute Lob von Ehe und Frau, das ernsthaft und im religiös-pathetischen Stil formuliert war, wird durch diese Technik und zu-nehmend derber werdende Plattheiten wie »fützeln« relativiert und ad absurdum geführt.

Außerdem fügt der Erzähler in die obige Aufzählung fast unbe-merkt den Satz ein: »[Die Frau ist] sein Glück, wann sie bald abgeht« – was soviel bedeutet wie: »Sie ist sein Glück, wenn sie nur recht bald geht bzw. stirbt«. Diese Boshaftigkeiten steigern sich im weiteren Ver-lauf des Kapitels noch: So spricht er später von der Frau als »des Hau-ses Lucifer«, vor der »Gott [uns] behüt«[106] - die zu Anfang noch treu-sorgende und liebende Ehefrau wird vollständig zum teuflischen Weib, wenn der Mann betrunken nach Hause zurückkehrt, sie die

---

106 Fischart, S. 195.

Nachbarn zusammenruft und schreit: »Freuet euch mit mir, dann mein Groschen ist gefunden, Mein Sau ist wider kommen [...]«[107].

Das Groteske produziert bei Fischart Unentscheidbarkeit im Sinne Peter Fuß'. So werden alte, tradierte Wertkategorien wie das dogmatisch streng reglementierte Eheverständnis satirisch infrage gestellt; in »fröhlicher Anarchie«[108] entsteht literarisch eine augenzwinkernde Neubewertung der Welt – jenseits alles »Offiziellen und der von den Interessen der herrschenden Klassen diktierten, beschränkten Seriosität«.[109]

Für Mühlemann hat Fischart »den Glauben an die Institution der Ehe verloren, oder es ist ihm mindestens vollkommen gleichgültig, ob ihm der Leser sein anfänglich positives Urteil abnimmt.«[110] Fischarts Ambivalenz im Ehekapitel der »Geschichtklitterung« ist ihm zufolge Ausdruck der Normenlosigkeit des Dichters: »Für Fischart [sic! richtig: den Erzähler] ist eben beides die Wahrheit: die Frau ist gut und böse, die Ehe Glückseligkeit und Martyrium zugleich«.[111] Dieser Sichtweise möchte ich an dieser Stelle zumindest teilweise widersprechen. Zwar ist es richtig, dass in Bezug auf die Ehe Ambivalenzen kreiert werden. Meines Erachtens übersieht Mühlemann jedoch den komischen Aspekt, der im »Ehe-Kapitel« deutlich zutage getreten ist. Michail Bachtin spricht in diesem Zusammenhang von der Volkskultur der Renaissance, die in der heiteren, karnevalesken Verkehrung der Wirklichkeit das »Wissen um die Möglichkeit einer völligen Ab-

---

107 Fischart, S. 191.
108 Lachmann, S. 9.
109 Michail Bachtin: Rabelais und seine Welt. Volkskultur als Gegenkultur. Frankfurt 1995, S. 483.
110 Mühlemann, S. 51.
111 Mühlemann, S. 52.

kehr von der gegenwärtigen Ordnung«[112] verstanden habe. In diesem Sinne ist Fischart nicht zwingender Maßen »normenlos«, nur weil er im Ehekapitel ebenjene Möglichkeit der Abkehr von der herrschenden Ordnung beschreibt. Zweifelsohne ist in Fischarts Beschreibung der Ehe auch Kritik enthalten; ihm mag es anstelle eines gesellschaftlichen Plädoyers jedoch vielmehr um die heiter-ironische Darstellung einer denkbaren Alternative zur Realität gegangen sein, die sich in der Fremdheit des Grotesken manifestiert.

Noch an einer zweiten Textpassage möchte ich Fischarts Nutzung des Grotesken verdeutlichen: an der Geburt Gargantuas während der Feier zur Vermählung Grandgauchiers mit Gargamelle. In dieser berühmten »Trunkenlitanei«, die gefüllt ist mit endlosen Aufzählungen und grotesken Momenten, greift der Erzähler, wiederum versteckt und scheinbar beiläufig, beispielsweise den Katholizismus und insbesondere das dogmatische Regelwerk in Klöstern an, wenn eine nicht näher zu bezeichnende Stimme sagt: »Ich trinck nicht dann nach meinen horis, uren und Paternostern, wie des Bapstes Maulesel, zur vesper teut man ihn zur tränck.«[113] Hier wird Kritik an der Janusköpfigkeit des Papstes und seiner Klöster deutlich, die nach Auffassung des Erzählers wohl Wasser predigten und Wein tranken. Zymner betont in diesem Zusammenhang, »Katholizismus, Papsttum und mönchische Lebensweise [seien] seit den polemisch-satirischen Anfängen Fischarts ein ganz zentrales Thema seiner Schriften.«[114]

Während dieses rauschenden, orgiastischen Festes, bei dem alle Beteiligten bis zur Ekstase schlemmen, trinken und der Völlerei frönen, bekommt Gargamelle ihre Wehen. Nachdem die anwesenden Hebammen Gargamelle von unten befühlen, finden sie »etliche Stücke Gehäutes und einen sehr schlechten Geruch, weshalb sie glaubten, es

---

112 Bachtin nach Lachmann, S. 9.
113 Fischart, S. 226.
114 Zymner, S. 147.

sei das Kind«[115], wie Rabelais schreibt. Doch die Hautfetzen entpuppen sich als Durchfall Gargamelles infolge von übermäßigem Kutteln-Genuß. Schließlich weiten die Hebammen mit einer Vorrichtung die Scham Gargamelles, was Gargantua in Gargamelles Bauch so sehr erschreckt, dass er »in die Hohlader [schlüpft]«[116]. Fischart beschreibt diesen Vorgang folgender Maßen:

> »Darvon fing das Kind an zuerschrecken und erhupffet, und kam inn solchem Auflauff in die kraus Holader zabelet und grabelet, daselbs durch die langscheidige leibsleist, so lang biß es unter die Uchsen [Achseln] und Schulter kam, da sich vorgedachte Ader entzwey theylt. Allda macht es nicht lang mist, sonder nam seinen weg durch die Königliche Weinstraß zu der lincken, kam also zu dem lincken Ohr herauß. [...D]arumb heißt er nit geboret, [...] sonder eroret.«[117]

Wiederum wird hier die Realität invertiert: Nachdem die Erwartung einer regulären Geburt durch die sich als Durchfall entpuppende, vermeintliche Kindsgeburt aus der Scheide enttäuscht wurde (die Erwartungsenttäuschung ist ja eine Grundkonstante des Grotesken), wird der Realität eine fiktive Geburt durch das Ohr entgegengestellt – eine groteske Verkehrung der Realität par excellence. Hinzu kommt, dass der Neologismus »eroret« auch semantisch die groteske Invertierung des Sachverhaltes thematisiert.

Diese Realitätsverkehrung hält auch nach Gargantuas Geburt weiter an:

> »So bald es nun erohret war, schrey es nicht wie andere Kinder Mie, Mie, Mi, [...s]onder ruffet mit heller stimm zusauffen her,

115 Rabelais, S. 52.
116 Rabelais, S. 53.
117 Fischart, S. 283f.

zusauffen, tosupen, und bald hernach im andern thon, Tranck, trenck, trinck, tronck, trunck [...]«[118]

Gargantua fordert sogleich nach seiner Geburt die Anwesenden zum Trinken und Zechen auf – der Erzähler invertiert das Reale, nimmt dem Neugeborenen durch das groteske Moment dessen Unverdorbenheit, Unwissenheit und Reinheit und parodiert so die Realität. Durch die Verwendung der Ablautreihe a,e,i,o,u bei »Tranck, Trenck, Trinck, Tronck, Trunck« wird die Verkehrung wiederum auch sprachlich umgesetzt: In einem quasi-schöpferischen Akt dekliniert Fischart alle Variationsmöglichkeiten des Wortes »Trinck« durch und stößt somit an die Grenze der grotesken Variation.

Die »Trunkenlitanei« mit ihrer scheinbar implizit vorhandenen Huldigung an Trunkenheit und Völlerei darf nicht als dionysische Hingabe Fischarts an Lebenslust und Triebbefriedigung verstanden werden. Vielmehr mag es ihm um die heitere literarische Durchdeklination einer Ambivalenz der Welt mit ihren denkbaren Alternativen zur Realität gegangen sein. Michail Bachtin schreibt über die »Trunkenlitanei«, dort sei

> »die heitere, im Überfluss schwimmende, alles besiegende Körperlichkeit dem mittelalterlichen Ernst der Angst und Unterdrückung mit seinen Methoden des einschüchternden und eingeschüchterten Denkens entgegengestellt.«[119]

Durch die dem Grotesken eigene Dualität von Komik und Abstoßung entsteht ein Lachen über die beschriebenen Sachverhalte, in dem sich eine »zweite Offenbarung« und eine »zweite Wahrheit« über die Welt

---

118 Fischart, S. 284.
119 Bachtin, S. 267.

verkünden.[120] Von zentraler Bedeutung ist für Bachtin hierbei die mittelalterliche »volkstümliche Lachkultur«[121], die er mit dem Begriff des »Karnevals« verbindet. Gerade Feste vom Karnevalstyp mit »Marktplatzfesten, komischen Riten und Kulten, Possenreißern und Narren, Riesen, Zwergen und Missgeburten und wandernden Komödianten«[122] seien im Mittelalter von hoher Bedeutung für das gesellschaftliche Leben gewesen:

> »Die auf dem *Lach*-Prinzip beruhenden rituell-szenischen Formen unterschieden sich außerordentlich schroff und prinzipiell von den *seriösen* – kirchlichen und feudalen – Kultformen und Zeremoniellen. Sie präsentierten einen völlig anderen, betont inoffiziellen, außerkirchlichen und außerstaatlichen Aspekt der Welt, des Menschen und der menschlichen Beziehungen: jenseits alles Offiziellen errichteten sie eine *zweite* Welt und ein *zweites Leben*, an denen alle Menschen des Mittelalters in größerem oder geringeren Maße Anteil hatten [...]. Ohne Berücksichtigung dieser Doppelweltlichkeit kann man weder das kulturelle Bewusstsein des Mittelalters noch die Kultur der Renaissance angemessen verstehen.«[123]

Und so wird die Literatur auch in Fischarts »Geschichtklitterung« zum Schauplatz einer Unmoral und der gegensätzlichen Spiegelung der Welt: Sie ist eine Art Kristallisationspunkt für einen humoristischen Gegenentwurf zur tradierten Weltordnung und so ein Ort der risikolosen Utopiegestaltung.

An einer dritten Textstelle möchte ich kurz nochmals verdeutlichen, dass Fischarts »Geschichtklitterung« ein Werk mit eindeutig grotesken

---

120 Vgl. Lachmann, S. 14.
121 Bachtin, S. 52.
122 Ebd.
123 Bachtin, S. 53. Hervorhebungen durch den Autor.

Zügen ist: am Abschlussgedicht der »Pantagruelischen Voraussagung«, dem sogenannten »Glucktrara«.

Mit diesem »Gedicht« haben Fischarts Sprachspiele endgültig die Bedeutungsebene verlassen – ähnlich wie ein moderner Klangartist spielt Fischart mit der Phonetik der unsinnigen und neologistischen Wörter:

Nun trara τράω, gluk trara τράρά.
Nun lasst uns fara i para unt πάρα:
Sint wir niht hie, so sint wir tara:
Komst izund nicht, so komst zu lara
Ti ich farfür, sint all Narra
Unt ist toch schwaer tisar karra
Aes ist halt schoene wara,
Ich farlur tran ti tara:
Was ich an aim spara,
Ist am antarn lara.
Lasst fara Φάρα:
Wolts nicht harra.
Schalts den Karra.
On gfara,
T R A R A.
τ ρ ά ρ ά.
Win iss.[124]

Dem Dichter kam es wohl vor allem auf die Klangwirkung des Gedichts an; ein semantischer Gehalt der Wörter ist fast nicht mehr vorhanden. Und selbst das Schriftbild wird durch die Anordnung der Verse in Form einer Trompete zum Klangkörper (hiervon zeugt auch

---

124 Fischart, S. 21.

das Wort »T R A R A«)[125]. Einziger Verbindungspunkt der Zeilen sind die Gleichlaut-Reime »karra«, »harra« usw. an den Versenden. Auch hier zeigt die Neukombination von semantisch nicht zusammenhängenden Wortpartikeln Fischarts Verwendung chimärischer Formen des Grotesken.

So wird gerade an diesem Gedicht die Bedeutung des Grotesken für Fischarts Denken und Schreiben sehr deutlich: Fischart löst sich von allen semantischen wie formellen Normen und schafft ein Gebilde, das hauptsächlich der äußeren (Trompeten)-Form und der Klangwirkung der Phoneme geschuldet ist. Diese »Pantagruelische Voraussagung« ist Fischart zufolge ein »angeblich in einem alten Grab gefundenes, zerfressenes und nur teilweise erhaltenes althochdeutsches Manuskript«[126] - vor allem in Bezug auf die Zeit des Humanismus mit dessen enormer Aufwertung der Wissenschaften und der Bedeutung des geschriebenen Wortes wird das Gedicht somit zu einer humoristischen »Abrechnung« Fischarts mit der »Schriftgläubigkeit«[127] der Humanisten. So sagt Fischart selbst, er habe die Menschen mit dem Gedicht verwirren wollen.

Mühlemann weist darauf hin, das Gedicht münde, da es innerhalb der Trompetenform von oben nach unten gelesen werde, ins Schweigen – ihm zufolge gestehe Fischart so die letztliche Erfolglosigkeit seines »Gegenentwurfs« zum Humanismus ein.

Wiederum will ich dieser – meines Erachtens viel zu einseitigen – Sichtweise Mühlemanns widersprechen: Fischart scheitert nicht, so könnte man überspitzt formulieren, weil es ihm in der »Geschichtklitterung« überhaupt nicht darum ging, einen solchen Gegenentwurf zu

---

125 Anm.: Diese Technik auch der äußeren Formgebung in Gedichten war zu Fischarts Zeiten sehr beliebt.
126 Hörner, S. 21.
127 Ebd.

schaffen. Fischarts Intention war es offenkundig nicht (und eine solche wäre auch kaum zu belegen!), eine Gesellschaftskritik zu schreiben, die eine Orientierungslosigkeit an der Schwelle von Mittelalter und Neuzeit überwindet, indem sie einen literarisch verbrämten Gegenentwurf präsentiert. Diese Aussage führt in die Irre, weil sie wiederum das Komische und Parodierende als zentrales Element der »Geschichtklitterung« verkennt – Mühlemann nimmt Fischart in diesem Zusammenhang sicherlich zu ernst. Gerade anhand unseres letzten Beispieles - der »Pantagruelischen Voraussagung« - werden doch die Gestaltungslust und Spiellaune eines Johann Fischart deutlich, der dort das Prinzip des Karnevals, wie es Bachtin formuliert hat, literarisch übersetzt. So wie der Karneval im Mittelalter für eine gewisse Zeit mit allen Regeln brach, so bricht auch Fischart in diesem Gedicht mit den Regeln der herkömmlichen Gedichtform und schafft durch die Neukombination von Bekanntem ein lautmalerisches wie formales Kabinettstück. Fischart mag ein manieristischer Künstler sein – an diesem konkreten Beispiel der »Geschichtklitterung« allerdings kann keine persönliche Orientierungslosigkeit Fischarts nachgewiesen werden.

Wie wir bei Michael Bachtin und seiner These vom Karneval der Volkskultur schon feststellen konnten, stellt Fischart ironisch und mit einer schier unendlichen Lust am Sprachspiel die Möglichkeit eines Andersseins der Realität dar. Im Sinne der Bachtin'schen »Doppelweltlichkeit«[128] von seriösen und rituell-szenischen Kultformen spielt er in der »Geschichtklitterung« innerhalb des seriösen Rahmens literarisch einen karnevalesken Rausch durch, der die Welt in all ihren Einzelheiten auf den Kopf stellen darf, weil seine Konventionen bekannt sind:

---

128 Bachtin, S. 53.

»Während des Karnevals kann man nur nach seinen Gesetzen leben, d.h. nach den Gesetzen der Karnevals*freiheit*. Der Karneval hat universalen Charakter, er ist ein Zustand der ganzen Welt, ihre Wiedergeburt und Erneuerung, an der alle teilhaben. Idee und Wesen des Karnevals waren für alle Beteiligten unmittelbar spürbar. [...] [Er] wurde unmittelbar wahrgenommen als zeitlich begrenztes Heraustreten über die Grenzen des gewöhnlichen (offiziellen) Lebens.«[129]

Somit ist Mühlemanns Feststellung, das scheinbar fehlende rationale Konzept bei den monströsen Reihungen, Neukombinationen und rauschhaft-grotesken Motiven verdeutliche das Scheitern eines Fischart'schen Gegenentwurfs, als falsch zu kennzeichnen. Im Sinne der Bachtin'schen Karnevalsthese sind die Grenzen für den rauschhaften Weltentwurf in der »Geschichtklitterung« durch das »offizielle« Leben bestimmt und als solche auch anerkannt; sie wollen von Fischart nicht unbedingt überwunden werden. Für diese Tatsache spricht vor allem der schon beschriebene Buchtitel der »Affentheurlich Naupengeheurliche[n] Geschichtklitterung«, die von Fischart ja explizit als »Wunderlichkeit« und »Kleckserei«[130] definiert wird. Das Groteske dient innerhalb der definierten Grenzen dazu, diese nur rein hypothetisch zu überwinden; erst durch die schöpferische Kraft und Fremdheit der grotesken Formen wird der »Karneval« als solcher erkennbar.

Kehren wir nun zurück zu unserer Ausgangsintention. Ziel war es vor allem, die beiden Theorien des Grotesken von Kayser und Fuß anhand der »Geschichtklitterung« und anderen Beispielen auf ihre Stimmigkeit hin zu überprüfen. Doch wie sind diese nun im Hinblick auf die hier durchgeführten Textanalysen zu bewerten?

---

129 Bachtin, S. 55.
130 Nyssen, S. 19.

Wolfgang Kaysers Theorie begreift das Groteske ja als ein Darstellungsmittel von Dissoziationen verschiedenster Art, seien es solche der menschlichen Identität, der Weltordnung oder auch der religiösen Vorstellung:

> »[I]n Epochen, die besonders dem Grotesken zuneigen, [ist] der Verlust des Glaubens an die geschlossene Welt der vorangegangenen Zeit so total[131], dass auch eine satirische Abrechnung mit der verlorenen Mitte aus Mangel an Richtpunkten unmöglich geworden ist. Aus diesem Tatbestand gerade resultiert die Form- und Richtungslosigkeit, die das Groteske auszeichnet.«[132]

Diese These kann an dieser Stelle nicht bzw. nur in Teilpunkten bestätigt werden. Im Rückblick aus der heutigen Sicht ist die Feststellung sicherlich richtig, dass groteske Gestaltungsformen wie jene in der »Geschichtklitterung« vor allem in solchen Zeiten vermehrt zu beobachten sind, in denen sich ein wie immer gearteter Wechsel einer gesellschaftlich-kulturellen Befindlichkeit anbahnt. Dies ist an der Renaissancekultur und der mit ihr einhergehenden Vielzahl an grotesken Motiven ebenso zu belegen wie beispielsweise an der Romantik eines E.T.A. Hoffmann, auf den wir in der Folge noch zurückkommen werden. Trotzdem hat Kayser Unrecht, wenn er das Groteske mit einem Mittel der »Abrechnung mit der ,verlorenen Mitte'«[133] gleichsetzt. Für Johann Fischart haben wir ja gerade festgestellt, dass dieser zwar Missstände der Zeit benennt, jene aber nicht durch einen gegensätzlichen Weltentwurf realiter überwindet, da es ihm überhaupt nicht auf einen solchen Entwurf ankommt. Vielmehr stehen bei ihm das Karnevaleske und die Parodie, das Volkstümliche und mit ihm das übersteigerte Durchspielen einer denkbaren anderen Realität im Grotesken

---

131 Wolfgang Kayser: Das Groteske. Seine Gestalt in Dichtung und Malerei. Darmstadt 1957, hier zit. nach Mühlemann, S. 102.
132 Ebd.
133 Ebd.

im Vordergrund: »Die provokativ-heitere Umstülpung der geltenden Institutionen und ihrer Hierarchie, die vorgeführt wird, zeigt –auch wenn sie letztlich alles beim Alten lässt – eine permanente Alternative auf.«[134]

Darüber hinaus schätzt Kayser den Begriff der Angst zu hoch ein: Bei Fischart sind es ja nicht dämonische Fratzen, Teufelsgestalten oder Mischwesen, die das Grauenhafte und Verdrängte hervortreten lassen, nein: Er nutzt eine Verbindung von parodistisch-ironischen und sprachgrotesken Elementen zur Durchführung einer »zeitweisen Befreiung von der herrschenden Wahrheit und der bestehenden Gesellschaftsordnung [und einer] zeitweisen Aufhebung der hierarchischen Verhältnisse, aller Privilegien, Normen und Tabus.«[135]

Peter Fuß' These vom Grotesken als einem Medium kulturellen Wandels ist an dieser Stelle zuzustimmen. Wenn Fischart im karnevalesken Spiel die Ordnung der Welt – zumindest auf literarischer Ebene – für eine Weile verkehrt und grotesk-ironisch um eine mögliche Alternative zur Realität erweitert, dann kann man in der Tat davon sprechen, dass das Groteske auch in der »Geschichtklitterung« als Medium des kulturellen Wandels diene. Denn zum einen werden Missstände der Zeit in der »Geschichtklitterung« ironisch karikiert, ins Zentrum des Interesses gerückt und somit diskutabel gemacht, zum anderen wirkt der weltumstürzende »Karneval« als Generierung einer Ambivalenz in Bezug auf die tradierte und bis dato als unverbrüchlich erscheinende Kulturordnung. In dem Moment, wo eine denkbare Alternative zur Realität im Grotesken benannt wird – und sei es noch so spielerisch und ironisch -, ist bereits eine Unsicherheit in die Kulturordnung eingespeist, die Luhmann zufolge die Grundvoraussetzung

---

134 Lachmann, S. 15.
135 Bachtin, S. 58.

für »alle Evolution«[136] ist. Mit dem Akt der Betonung und Benennung der »Doppelweltlichkeit« im Sinne Bachtins[137] entspricht Fischart in der Tat Fuß' These von der Grenzüberschreitung des Grotesken, das erst sichtbar mache, was außerhalb der Grenze des Erlaubten und gleichzeitig Verdrängten liege.

Ein Beweis für einen direkten Nexus zwischen dem Grotesken bei Fischart und einer nachhaltigen Veränderung der Kulturepoche kann indes nicht erbracht werden. Zu sehr sind die verschiedenen Epochen miteinander verwoben, zu sehr überlagern sie sich – sie sind »keine Abfolge monolithischer Blöcke, sondern eine Überschichtung tektonischer Platten, eine Vermischung verschiedener Magmen, die partiell auskristallisieren und sich partiell wieder verflüssigen.«[138] Erst im Rückblick wurden die Epochengrenzen statisch festgelegt; inwieweit nun gerade Fischarts »Geschichtklitterung« zu einer Veränderung der Kulturformation realiter beigetragen hat, kann niemals geklärt werden. Wohl aber, dass die Verwendung von Formen des Grotesken in einer Umbruchszeit wie jener Fischarts zwischen Mittelalter und Neuzeit eine kulturgeschichtliche Veränderung dadurch vorbereiten kann, indem sie das zuvor so nicht erkannte Unerlaubte sichtbar macht.

Darüber hinaus ist Peter Fuß' These insofern zu erweitern, als das Groteske nicht nur *Mittel* des kulturellen Wandels, sondern im Rückblick auch dessen *Ausdruck* ist. Groteske Darstellungen und das Lachen über sie, wie wir es in der »Geschichtklitterung« beobachten konnten,

»reflektieren das Werden, den Umbruch, die Schwelle, die Wie-

---

136 Luhmann, S. 78.
137 Vgl. Bachtin, S. 53.
138 Fuß, S. 493.

derkehr, das Nicht-Ende. Das Lachprinzip garantiert die Regeneration des Gattungskörpers, die Akkumulation der Kulturer-
fahrung als Gedächtnis, das sich zyklisch in den konkreten
Formen der Karnevalsriten als antieschatologische Verheißung
zum Ausdruck bringt.«[139]

Wo Groteskes ist, dort wird die ständige Regeneration einer Kulturformation in ihrer Abgrenzung der Norm vom Unerlaubten deutlich –
Fischarts »Geschichtklitterung« als Beispiel für ein karnevaleskes Spiel
mit der Realität mag dies verdeutlichen.

2.4.2   E.T.A. Hoffmann und das Groteske als Mittel des Transzendierens

Im vorangegangenen Kapitel ist anhand einer Betrachtung von Johann Fischarts »Geschichtklitterung« gezeigt worden, wie groteske
Ausdrucksformen an der Schwelle von Mittelalter und Neuzeit genutzt wurden. In diesem Kapitel wird es nun darum gehen, die Bedeutung des Grotesken bei E.T.A. Hoffmann zu ergründen. Dies soll –
aus Zeit- und Platzgründen wiederum exemplarisch – anhand der A-
nalyse des »Goldnen Topf« geschehen; eines Werks, das aus verschiedenen Gründen für die Verdeutlichung von Hoffmanns Verwendung
der Techniken des Grotesken sehr gut geeignet ist. Zuerst jedoch wird
wiederum ein kurzer biographischer Abschnitt über E.T.A. Hoffmann
vorangestellt, der das spätere Verständnis des »Goldnen Topf« erleich-
tert.

---

139 Lachmann, S. 24.

2.4.2.1 Biographisches zu E.T.A. Hoffmann

E.T.A. Hoffmann gehört sicherlich zu den bekanntesten, gleichzeitig aber auch umstrittensten Dichterfiguren der deutschen Romantik. Darüber hinaus gibt es wohl nur wenige Autoren, die in einer so großen Bandbreite künstlerisch tätig waren: Hoffmann arbeitete als Dichter, Komponist, Dirigent und Theaterkritiker. Dies ist zum besseren Verständnis auch der Werkgenese sehr bedeutsam.

Als typisches Kennzeichen der Dichterpersönlichkeit Hoffmanns erscheint dessen Dualismus und Ambivalenz, die sich auch in seinen Werken sehr gut zeigen lässt. Hoffmann, 1776 in Königsberg geboren, begeisterte sich von Kind auf für die Musik, erhielt Unterricht im Zeichnen und Malen. Als Zeichen seiner Bewunderung für Mozart nahm er später dessen Vornamen Amadeus als Kürzel in seinen Namen auf. Trotz dieser offenkundigen Leidenschaft für das Künstlerische studierte er wohl auf Druck der Familie Jura wie sein Vater und arbeitete seit 1798 in Berlin, ab 1800 in Posen als Jurist. Hoffmanns ganzes Leben ist wie kaum ein anderes gekennzeichnet durch einen Zwiespalt zwischen Pflichterfüllung und liberalem Freiheitsgeist. Hoffmann war gleichzeitig Beamter und Künstler, der dichtete, zeichnete und sich durch politische Stellungnahmen zu Wort meldete. Arbeitete er tagsüber als bieder-bürgerlicher Jurist für Recht und Ordnung Preußens , so trieb er sich nachts auf Feiern und in Gaststätten herum und trank bis zur Halluzination:

> »Er trank zur Anregung der Phantasie, bis Gesichte vor sein Auge traten, Schimären, Geister, Kobolde im dunklen Zimmer rumpelten, bis er sich selbst gegenüberstand und mit dem Anderen seines Ichs geheime, furchtbare Zwiesprache hielt.«[140]

---

140 X-Libris (Hg.): Die Deutschen Klassiker (CD-ROM). München 1995, hier in: E.T.A. Hoffmann: Die Elixiere des Teufels. Zum Autor, S. 2-9.

Der Dualismus zwischen bürgerlicher Existenz und Juristerei auf der
einen und einem künstlerisch-rauschhaften Leben auf der anderen
Seite, der in ihm wie auch schon in seinem Vater angelegt war, prägte
seine Biographie und ist Kennzeichen auch seines gesamten literarischen Werks. Walter Müller-Seidel betont, »die Spannung zwischen
dem bürgerlichen Beruf – in dem er sich wie andere romantische
Dichter durch Tüchtigkeit auszeichnete – und zwischen der künstleri-
schen Berufung [stelle] sich unbestreitbar dar als eine der Grundspan-
nungen seiner geistigen Existenz.«[141]

In diesem Punkt zeigt sich Hoffmann auch als romantischer Dichter,
der in seinem Werk nach der Vereinigung der Gegensätze, nach der
Zusammenführung von Mensch und Natur zu einem harmonischen
Ganzen strebte und doch immer das zwangsläufige Fehlschlagen dieses Wunsches an seiner eigenen Zerrissenheit erleiden musste. Die
Rationalität des Menschen mit dem noch Unbekannten, Natürlichen,
Unerklärlichen zu vereinigen – das war Hoffmanns Wunsch. Und gerade an dieser Stelle wird die Bedeutung des Grotesken für ihn evident: Das Groteske, so ist an späterer Stelle noch zu zeigen, ist für
Hoffmann gerade an dieser Schnittstelle ein Verknüpfungspunkt zwischen den beiden Polen. Mit Hilfe des Grotesken macht er »das Erkennen des noch Unerkannten, das Bewusstmachen des noch Unbewussten«[142] in der Literatur plastisch; mit seiner Hilfe konkretisiert er
erst die beiden gegensätzlichen Pole Rationalität und Irrationalität, die
beispielsweise den klassischen Autoren in dieser Schärfe nicht bewusst waren. Deshalb darf nicht der Fehler gemacht werden, Hoffmanns Werke als puren Romantizismus abzuwerten, der mit der

141 Walter Müller-Seidel: Nachwort zu: E.T.A. Hoffmann: Fantasie- und
Nachtstücke. Darmstadt 1968, S. 749-770, hier S. 755.
142 Müller-Seidel: Nachtstücke, S. 763.

Groteske bloß eine Abgrenzung des Romantischen vom Klassischen habe erreichen wollen.

Doch wie gestaltet sich das Groteske bei Hoffmann? Welche Bedeutung hat es für ihn? Dies soll nun anhand des »Goldnen Topf« verdeutlicht werden.

2.4.2.2 Das Groteske in E.T.A. Hoffmanns »Der goldne Topf«

Hoffmanns Erzählung »Der goldne Topf«, 1814 entstanden, ist symptomatisch für des Autors Verwendung von Techniken des Grotesken und soll deshalb an dieser Stelle behandelt werden. »Der goldne Topf« wurde von E.T.A. Hoffmann selbst als Glanzstück bezeichnet, das für ihn »stets die Bedeutung eines selbst gesetzten – nicht wieder erreichten – Vorbildes hatte.«[143]. Vor der Analyse des Werks, die aus Platzgründen nur exemplarisch bleiben kann, erscheint zuerst eine knappe Inhaltsangabe sinnvoll:

Am Himmelfahrtstag stößt der Student Anselmus am Schwarzen Tor in Dresden den Korb eines alten Apfelweibes um. Den entstandenen Schaden zahlt er mit dem Geld, das eigentlich für ein Mahl im Linkischen Bade gedacht war. Statt sich der bürgerlichen Lustbarkeit widmen zu können, verbringt er den Nachmittag nun unter einem Holunderbusch am Elbufer. Dort begegnen ihm drei singende goldgrüne Schlangen, die in Wirklichkeit die Töchter des Archivarius Lindhorst sind – eines Salamanderfürsten aus Atlantis. Durch Vermittlung des Registrators Heerbrand erhält Anselmus eine Anstellung bei Lindhorst, wo er für einen hohen Lohn Schriften aus dessen Bibliothek zu

---

143 Cramer, S. 37.

kopieren hat. Dort malt er mit Hilfe von Lindhorsts Tochter Serpentina fremdartige Schriften ab, die ihm eine unbekannte, mythische
Welt zeigen und ihn in ihren Bann ziehen. Immer mehr entfernt sich
Anselmus von der spießigen Mentalität des Kleinbürgertums und
taucht ein in die phantastische Welt des Archivarius. Als dessen Anta-
gonistin taucht die Hexe vom Schwarzen Tor in der Gestalt des Apfelweibs Liese Rauerin immer wieder auf und behindert die poetische
Erziehung des Studenten. Als Anselmus schließlich in einen von der
Hexe angefertigten zauberhaften Metallspiegel blickt, wird er in die
Kleinbürgermentalität zurückgeworfen und verliebt sich in die Tochter des Konrektors, Veronika Paulmann, die den Spiegel zusammen
mit der Hexe geschaffen hat. Als der durch die Verzauberung verstör-
te Anselmus bei Lindhorst eine wertvolle Schrift mit Tinte ver-
schmiert, da er das mythische Geschick verloren hat, wird der von der
Hexe am Schwarzen Tor ausgesprochene Fluch wahr und der Kopist
stürzt »ins Kristall«. Anselmus findet sich in einer Flasche auf einem
Regal in der Bibliothek des Archivarius wieder. In einem Gespräch
mit Kreuzschülern, die sich ebenfalls in Flaschen befinden, wird er
sich der ihm unerträglich schmerzhaften Enge des bürgerlichen Lebens bewusst. Während eines Kampfes zwischen der Hexe und Lindhorst um den goldnen Topf zerbricht die Flasche, Anselmus ist befreit
und wird mit Serpentina auf ein Rittergut nach Atlantis geschickt.
Dort lebt er, von der Feuerlilie des goldnen Topfs beschützt, als Dichter. Veronika ehelicht den zum Hofrat ernannten Registrator Heerbrand, wodurch sich all ihre Wünsche erfüllen.

Am Schluss des »Märchens«[144] bringt Hoffmann den Erzähler als
eigenständige Persönlichkeit ein, der mit Hilfe von Lindhorsts Zau-

---

144 Der Untertitel des Werkes »Ein Märchen aus der neuen Zeit« weist zum
einen auf den märchenhaften Charakter des »Goldenen Topf« hin; zum
anderen drückt Hoffmann hier wohl seine Intention aus, keine »gleichsam
natürliche Phantastik«, sondern die »Erzeugung von Poesie aus kontrastie-

berpunsch Einblick in die für ihn unbeschreibbare Welt Atlantis' erhält. Als er sich bei Lindhorst über die bürgerliche Enge, sein »Dach-
stübchen« und die »Armseligkeiten des bedürftigen Lebens« beklagt,
erklärt dieser ihm, die Seligkeit sei nur in einem »Leben in der Poesie«
zu erreichen – mit Atlantis als »poetischem Besitztum [des] inneren
Sinns«[145].

Im »Goldnen Topf« tritt Hoffmanns Hauptthema deutlich zutage: Die
Ambivalenz der Welt; die Erkenntnis eines Dualismus zwischen ex-
zessiver, romantisierender Phantasie und biederer Bürgerlichkeit. Beide Seiten, so Hoffmanns Erkenntnis, sind Teile des Weltganzen; die
Realität ist seiner Ansicht nach weder durch absolute Hinwendung zur
bürgerlichen (rational-aufklärerischen) Seite noch zur romantisch-
phantastischen Welt des Unerklärlichen fassbar.

Hoffmann gestaltet im Text drei verschiedene Sphären, die recht
deutlich voneinander abzugrenzen sind und auch in großen Teilen
seines weiteren Werks ausgestaltet werden. Es sind dies die bürgerliche, die romantisch-phantastische und die grotesk-dämonische Sphäre. Bevor wir uns intensiver mit der dritten – der grotesken und damit
für unser Thema bedeutsamen – Sphäre beschäftigen, soll an dieser
Stelle kurz auf die beiden anderen eingegangen werden.

Die erste dieser Sphären kann mit der bürgerlichen Welt der Philister bezeichnet werden, deren Teil auch der Hauptprotagonist und spätere Dichter Anselmus ist. In ihr herrscht die Ratio über das Gefühl,

renden Situationen« anzustreben. Der Märchenbegriff, so Hoffmann an
seinen Verleger, solle im »Goldnen Topf« nicht in Verbindung gebracht
werden mit »Scheherazaden, Turbanen und türkischen Hosen«. (Hans
Mayer: Die Literatur des künstlichen Paradieses. In:
http://www.godenholm.de/3.Ebene/text/k%FCnstliche%20paradiese.ht
m, 20.09.2002).
145 E.T.A. Hoffmann: Der goldne Topf. Ein Märchen aus der neuen Zeit.
Stuttgart 1994, S. 130.

sie ist geprägt »vom Streben nach materieller Sicherheit, nach norma-
lem, nicht aus dem Rahmen des Üblichen fallenden Betragen sowie
nach Anerkennung durch die Umwelt.«[146] Diese Sphäre wird symboli-
siert durch den Registrator Heerbrand und den Konrektor Paulmann,
deren absolute Integrität innerhalb der Bürgerlichkeit schon dadurch
ausgedrückt wird, dass ihre Vornamen aus ihren Berufsbezeichnungen
bestehen. Darüber hinaus verwendet Hoffmann diverse Motive und
Symbole für die Darstellung des Philistertums, das im Sinne seiner
Weltanschauung auch mit dem Realen oder der »Welt des Alltags«[147]
übersetzt werden kann. So sind Kaffeekanne, Blasinstrumente oder
auch der Topos des Gasthauses typische Erkennungsmerkmale des
Philiströsen. Das Phantastische und mit ihr die Phantasie als grundle-
gendes Charakteristikum der Romantik werden in der bürgerlichen
Welt des »Goldnen Topf« als Schwärmerei abgetan. Als Anselmus die
lindgrünen Schlangen am Elbufer erblickt und so zum ersten Mal mit
der phantastischen Welt konfrontiert wird, glaubt er bei einer Boots-
fahrt selbst im Rauschen des Wassers das Lispeln der Schlangen zu
erkennen. Paulmann hält Anselmus' Gebaren für einen Anfall:

> »Ei, ei, Herr Anselmus«, fiel der Konrektor Paulmann ein, ‚ich
> habe Sie immer für einen soliden jungen Mann gehalten, aber
> träumen – mit hellen offenen Augen träumen und dann mit ei-
> nemmal ins Wasser springen wollen, das – verzeihen Sie mir,
> können nur Wahnsinnige oder Narren!'«[148]

Die Ablehnung des Irrationalen wird in der Erzählung so als eine
Grundkonstante des bürgerlich-biederen Lebens gekennzeichnet.

---

146 Hartmut Steinecke: Nachwort zu: E.T.A. Hoffmann: Der goldne Topf. Ein
Märchen aus der neuen Zeit. Stuttgart 1994, S. 140.
147 Cramer, S. 56.
148 Hoffmann: Der goldne Topf, S. 19.

Von hoher Bedeutung ist bei der Betrachtung dieser ersten Sphäre, dass Hoffmann bei der Beschreibung des Bürgerlichen von Anfang an Zweideutigkeiten und Ambivalenzen mitgestaltet, die später als Hauptcharakteristikum des »Goldnen Topf« sichtbar werden, weisen sie uns doch auf die Frage nach der Rolle des Grotesken in Hoffmanns Werk hin. So wird die Figur des Studenten Anselmus, der ebenso wie die anderen Bürger seinen Philisterträumen von der »Glückseligkeit des Linkischen Paradiese« und »einer Bouteille Doppelbier«[149] im Gasthaus nachhängt, schon zu Beginn dadurch konterkariert, dass er als ungewöhnlich ungeschickt und tollpatschig beschrieben wird. Anselmus rennt hastig und unbedacht ein Marktweib um, was so gar nicht dem gesetzten Philistertum entsprechen mag: »[S]ein hechtgrauer Frack war [...] so zugeschnitten, als habe der Schneider, der ihn gearbeitet, die moderne Form nur vom Hörensagen gekannt, und das schwarzatlasne wohlgeschonte Unterkleid gab dem Ganzen einen gewissen magistermäßigen Stil, dem sich nun wieder Gang und Stellung durchaus nicht fügen wollte.«[150] Schon zu Beginn des Textes wird Anselmus so als standesgemäßer Vertreter des Philistertums infrage gestellt und als diesem nicht wirklich zugehörig dargestellt. So invertiert Hoffmann schon dort das herkömmliche Bild eines biederen Bürgers; es entsteht bereits in dieser frühen Phase eine Unentscheidbarkeit in Bezug auf die Kategorisierung des Anselmus beim Leser, die Peter Fuß ja als ein Hauptkriterium für groteske Strukturen bezeichnet hat. Von dieser Problematik wird besonders bei der Betrachtung der dritten Sphäre noch zu sprechen sein.

Nachdem Anselmus am Elbufer mit den lindgrünen Schlangen der Welt der Romantik und Phantastik begegnet, fährt es ihm »durch alle Glieder wie ein elektrischer Schlag, er erbebte im Innersten – er starr-

---

149 Hoffmann: Der goldne Topf, S. 7.
150 Hoffmann: Der goldne Topf, S. 6.

te hinauf, und ein Paar herrliche dunkelblaue Augen blickten ihn an
mit unaussprechlicher Sehnsucht, so dass ein nie gekanntes Gefühl
der höchsten Seligkeit und des tiefsten Schmerzes seine Brust
zersprengen wollte.«[151] An dieser Stelle wird zum ersten Mal die zweite
Sphäre deutlich, derer sich Hoffmann im »Goldnen Topf« bedient: die
romantische Sphäre des Phantastischen und Irrealen, auch symboli-
siert durch die blauen Augen der Schlange, die auf den romantischen
Topos der blauen Blume als Sehnsuchtsmerkmal rekurrieren. Mit dem
Erscheinen der Schlangen spürt Anselmus erstmals die Ursehnsucht
der romantischen Dichter nach einer Einheit von Mensch und Natur,
beispielsweise wenn der Abendwind vorüberstreicht und spricht: »Ich
umspielte deine Schläfe, aber du verstandest mich nicht, der Hauch ist
meine Sprache, wenn ihn die Liebe entzündet.«[152] Anselmus hat am
Elbufer eine Vision, die diese sehnsüchtig herbeigewünschte Einheit
der Romantiker schon vollzogen sieht: »Da regte und bewegte sich
alles, wie zum frohen Leben erwacht. Blumen und Blüten dufteten um
ihn her, und ihr Duft war wie herrlicher Gesang von tausend Flöten-
stimmen, und was sie gesungen, trugen im Widerhall die goldenen
vorüberfliehenden Abendwolken in ferne Lande.«[153] Vielfältig sind die
romantischen Topoi, die sich an dieser Stelle wiederfinden: Synästhe-
sien wie jene des Blütendufts, der wie Gesang hallt und so die Verschmelzung von Natur und Mensch vorwegnimmt und auch jene aller
Sinne ausdrückt; das Wandermotiv bzw. die Sehnsucht nach der Ferne, wenn die Abendwolken den Widerhall in die fernen Lande tragen.
Auch sprachlich wird die romantische Welt an dieser Stelle durch Alliterationen, Binnenreime oder onomatopoetische Wendungen wie
»Zwischendurch – zwischenein – zwischen Zweigen, zwischen

---

151 Hoffmann. Der goldne Topf, S. 11f.
152 Hoffmann: Der goldne Topf, S. 12.
153 Ebd.

schwellenden Blüten [...]«[154] in Bezug auf die lispelnden Schlangen von der rationalistischen Philistersphäre abgegrenzt.

Wie ein leidenschaftliches Plädoyer für die Romantik erscheint hier die phantastische Sphäre als Gegenentwurf zum biederen Philistertum. Doch auch an dieser Stelle gestaltet Hoffmann schon sehr früh Ambivalenzen und produziert so Zweifel an der Unverbrüchlichkeit des romantischen Gegenentwurfs:

> »Aber als der letzte Strahl der Sonne schnell hinter den Bergen verschwand und nun die Dämmerung ihren Flor über die Gegend warf, da rief, wie aus weiter Ferne, eine raue tiefe Stimme: ,hei, hei, was ist das für ein Gemunkel und Geflüster da drüben? – Hei, hei, wer sucht mir doch den Strahl hinter den Bergen! – genug gesonnt, genug gesungen [...] So verschwand die Stimme wie im Murmeln eines fernen Donners, aber die Kristallglocken zerbrachen im schneidenden Misston. Alles war verstummt [...]«[155]

Nicht nur, dass die plötzlich auftretende Stimme »rau und tief« ist und sich somit überhaupt nicht in die romantische Geschmeidigkeit von Anselmus' Vision einfügt; darüber hinaus zerbrechen die Kristallglocken – eine Vorausdeutung auf den Kristall, der für Anselmus zum Eintrittstor in die phantastische Welt wird - in »schneidende[m] Misston«. Die zuvor in der Erzählung betonte Harmonie des Romantisch-Phantastischen hat sich umgekehrt, die Sehnsucht nach einer romantischen Vereinigung von Natur und Mensch scheint sich als bloße Illusion zu entpuppen. Diese Visions- oder auch Traumromantik »wird vom Erzähler in eine ähnliche Distanz gerückt wie das Alltägliche, Merkantile und Philiströse. Dies geschieht allein durch den Kontrast, den Hoffmann meisterlich handhabt, indem er die romantischen Illu-

---

154 Hoffmann: Der goldne Topf, S. 10.
155 Hoffmann: Der goldne Topf, S. 12f.

sionen des Helden fortwährend durch Alltäglichkeiten desillusioniert.«[156]

Noch ein anderes Beispiel soll für diese fortwährende Desillusionierung gegeben werden: Als Anselmus sich im phantastischen Garten des Archivarius Lindhorst von der Vielfalt und Schönheit der Natur gefangen nehmen lässt und sich wiederum romantischen Schwärmerein hingibt, bricht Hoffmann diese Einseitigkeit sofort auf:

> »Von dem Anblick, von den süßen Düften des Feengartens berauscht, blieb Anselmus festgezaubert stehen. Da fing es überall an zu kikkern und zu lachen [...] So rief und kickerte es aus allen Winkeln hervor – ja dicht neben dem Studenten, der nun erst wahrnahm, wie allerlei bunte Vögel ihn umflatterten und ihn so in vollem Gelächter aushöhnten.«[157]

An diesen beiden Stellen zeigt sich, stellvertretend für viele weitere im »Goldnen Topf«, wie Hoffmann bemüht ist, jedwede Einseitigkeit und zu starke Parteinahme für eine der beiden Sphären – reale, bürgerliche Welt oder romantische Phantastik – zu vermeiden, indem er die Seiten immer wieder mit dem Einbrechen der jeweils anderen relativiert und die Illusion zerstört. Weder Konrektor und Registrator haben Recht, wenn sie Anselmus' phantastische Visionen als pure Schwärmerei abtun, noch gesteht Hoffmann der romantischen Sphäre die Bedeutung einer tragfähigen Alternative zum Philistertum zu. Es zeigt sich Hoffmanns tiefes Empfinden einer höchst ambivalenten Welt, deren wirkliche Durchdringung keine Seite für sich beanspruchen kann.

Von großer Bedeutung ist in dieser Hinsicht das von Hoffmann aufgestellte »Serapiontische Prinzip« der »Serapions«-Brüder, einem Gesprächskreis, der sich bald nach Hoffmanns Umzug nach Berlin

---

156 Müller-Seidel: Nachtstücke, S. 764.
157 Hoffmann: Der goldne Topf, S. 60f.

bildete und sich regelmäßig in Weinlokalen traf. An diesen Abenden diskutierte Hoffmann mit seinen Freunden über literarische Themen: Man las sich Gedichte und Prosa vor und sprach über das Gehörte. Das »Serapiontische Prinzip« kann konkretisiert werden an der Erzählung des »Einsiedler Serapion« aus dem Erzählband »Die Seraphinenbrüder«[158]. Dort wird die Geschichte eines einsiedlerischen Grafen erzählt, der »sich in die Einsamkeit begeben hat und im Wahne lebt, der Mönch Serapion zu sein, der vor Jahrhunderten lebte.«[159] Auch in dieser Erzählung kommt Hoffmanns Vorstellung einer ambivalenten Welt zum Tragen. So wird deutlich, dass der Einsiedler innerhalb seiner weltfremden Vision doch sehr zufrieden scheint; in ihr und dem vollkommenen Verzicht auf die irdische Wirklichkeit wohnt für den Einsiedler »ein Glück eigener Art [inne], sofern der im Wahn Befangene mit seiner Umwelt um so besser auskommt, als er sie nicht zur Kenntnis nimmt.«[160] Doch auch diese scheinbare für die weltentfremdete Kraft des Romantisch-Verklärten nivelliert Hoffmann schon bald wieder, wenn in der Erzählung kritisch konstatiert wird, des Einsiedlers Wahnsinn habe diesem »die Erkenntnis der Duplizität geraubt [...], die unser irdisches Dasein bedingt.«[161] So ist das »Serapiontische Prinzip« auch der Schlüssel zu Hoffmanns Kunstverständnis: Er will mit ihm die Ambivalenz des Daseins zwischen dem Geistigen und dem Wirklichen, dem seelenhaften Sein und der körperlichen Welt verdeutlichen, die ihm zum schöpferischen Prinzip geworden ist. Das »Serapiontische Prinzip«, jeder möge darauf achten, »ob er auch wirklich das geschaut, was er zu verkünden unternommen, ehe er es wagt laut damit zu werden«[162], übersetzt genau diese Dualität in eine ver-

---

158 E.T.A. Hoffmann: Die Serapionsbrüder. Darmstadt 1963.
159 Walter Müller-Seidel: Nachwort zu: Die Serapionsbrüder. Darmstadt 1963, S. 999-1026, hier S. 1003.
160 Ebd.
161 Müller-Seidel: Serapionsbrüder, S. 1004.
162 zit. nach Müller-Seidel, ebd.

knappende Formel: Es will ein Gleichgewicht von Innen und Außen in der Literatur schaffen. Weder eine verklärende Kunst, die die Realität nicht zur Kenntnis nimmt, noch ein Realismus, für den die geistig-hypothetische Entgrenzung nicht von Bedeutung ist, vermögen Hoffmanns Auffassung nach das Weltganze zu erfassen. So kommt auch in diesem berühmten Prinzip Hoffmanns der Duplizitätsgedanke zum Tragen, der gerade in den eben genannten gegenseitigen Desillusionierungen der beiden Sphären eine große Rolle spielt.

An dieser Stelle nun – am Schnittpunkt zwischen den beiden hier dargestellten Sphären des Philiströsen und des Phantastischen – kommt die dritte Sphäre im »Goldnen Topf« ins Spiel, welche für Hoffmann eine so eminent wichtige Bedeutung hat, dass sie sein gesamtes Werk durchzieht: die Sphäre des Grotesken oder Dämonischen.

Die Beispiele für die Verwendung von Techniken des Grotesken im »Goldnen Topf« sind zahlreich; chimärische Formen wechseln sich ab mit Monstrositas-Ausgestaltungen (etwa in der Szene, in der Anselmus sich mit anderen Studenten in Flaschen wiederfindet) und Invertierungen. Ich will hier vor allem an einem Figurenmotiv exemplarisch Hoffmanns Ausgestaltung jener Sphäre des Grotesken verdeutlichen: am Hexen- bzw. Marktweib.

Hoffmann gestaltet ihr Wesen durch die ganze Erzählung hindurch extrem ambivalent: Ist sie zu Anfang der Geschichte noch das Marktweib und damit Teil der bürgerlichen Welt, so zeigen sich schon dort Vorausdeutungen auf ihre Vieldeutigkeit, wenn sie Anselmus den Fluch »Ja, renne – renne nur zu, Satanskind – ins Kristall bald dein Fall – ins Kristall«[163] nachruft. Die Figur der Hexe scheint eine Art Verbindung beider Sphären – der bürgerlichen und der romantischen – in einer dritten zu sein: in eben jener Sphäre des Grotesken. Die

---

163 Hoffmann: Der goldne Topf, S. 5.

Hexe vereint Elemente beider Welten in sich und kann somit als Figur nicht mehr deutlich einer Sphäre zugeordnet werden. Diese Unentscheidbarkeit, von der schon Peter Fuß spricht, produziert bei Hoffmann dann auch das groteske und unheimliche Moment, was sich besonders an einer Stelle sehr klar zeigt:

Als Anselmus von Heerbrand und Paulmann den Ratschlag erhält, einmal beim Archivarius Lindhorst vorzusprechen, da dieser koptische Schriftzeichen übertragen lassen will, ist er guter Dinge und voll überschwänglicher Unbeschwertheit: Alles gelingt ihm, er freut sich auf die Arbeit, sogar »die Halsbinde saß gleich beim ersten Umknüpfen, wie sie sollte, keine Naht platzte, keine Masche zerriß in den schwarzseidenen Strümpfen [...]«[164]. In seiner wohl unbewussten »Vorfreude« auf die romantische Sphäre scheint sich der Widerspruch der beiden Sphären aufzulösen: Anselmus ist an dieser Stelle erstmals ein würdevoller, standesgemäßer Philister, der angemessen gekleidet ist. Doch auch diese Illusion der friedlichen Koexistenz beider Sphären zerstäubt, als etwas Unerklärliches geschieht: Anselmus will vor des Archivarius' Haus nach dem Türklopfer – einer Art Gesicht aus Metall - greifen, als dieser sich plötzlich dämonisch verwandelt:

»[...] da verzog sich das metallene Gesicht im ekelhaften Spiel blauglühender Lichtblicke zum grinsenden Lächeln. Ach! es war ja das Äpfelweib vom Schwarzen Tor! Die spitzigen Zähne klapperten in dem schlaffen Maule zusammen, und in dem Klappern schnarrte es: ‚Du Narre – Narre – Narre – warte, warte! Warum warst hinausgerannt! Narre!'«[165]

Anselmus, der der Philisterwelt durch sein Vorsprechen beim Archivarius (noch unbewusst) entflieht und somit in die romantische Sphäre eintaucht, wird hier desillusioniert. Der Türklopfer als Symbol des

---

164 Hoffmann: Der goldne Topf, S. 24.
165 Hoffmann: Der goldne Topf, S. 25.

Eintritts in die romantische Welt des Archvarius entpuppt sich in chimärisch-grotesker Vermischung als Fratze des Apfelweibs. An dieser Stelle wird zudem deutlich, wie Hoffmann Elemente des Grotesken technisch umsetzt: Er bedient sich gerade im »Goldnen Topf« der chimärischen Vermischung als Technik des Grotesken, um das Ineinanderfließen und die Ununterscheidbarkeit der beiden Welten zu verdeutlichen. An der hier zitierten Stelle morphologisiert die technische Gerätschaft des Türklopfers zu einem menschlich-dämonischen Gesicht – eine technomorphe Form der chimärischen Vermischung, wie wir sie in der Definition des Grotesken schon als Beispiel aufgeführt haben. Diese Vermischung führt dazu, dass sowohl für Anselmus als auch für den Leser die anscheinend klare Trennung zwischen der philiströsen Sphäre bei Registrator und Konrektor und der romantischen Sphäre des Archivarius aufgehoben wird. Eine Unentscheidbarkeit zwischen beiden Welten ist entstanden, verdeutlicht und sinnfällig geworden durch ein groteskes Moment. Peter Fuß ist in Bezug auf diese Textstelle also zuzustimmen, wenn er sagt, das Groteske liquidiere »den dichotomischen Aufbau symbolisch kultureller Ordnungsstrukturen und ersetzt[e] ihre Antagonismen durch Ambiguität.«[166] Die Hexe ist als Chimäre Teil beider Sphären, sie wird zum Kristallisationspunkt der Hoffmann'schen Ambivalenz der Welt.

Wie eine höhnische Verurteilung Anselmus' klingt der Fratze Frage: »warum warst hinausgerannt!« – sie könnte als Hinweis darauf gelesen werden, dass eine einseitige Flucht aus der Philister- in die romantische Welt, wie sie Anselmus zu begehen begriffen ist, zwangsläufig scheitern muss.

Verstärkt wird diese dämonische Wirkung der Hexenfratze noch dadurch, dass Anselmus' »Vision« weiter anhält und ihn »ein Grauen

---

166 Fuß, S. 13; vgl. auch Kap. 2.3.2

[ergreift], das im krampfhaften Fieberfrost durch alle Glieder [bebt].«[167] Von Bedeutung ist an dieser Stelle ebenfalls das Krankheitsmotiv: Für Hoffmann ist das Fieber, die geistige Umnachtung, der Alkoholrausch, die pathologische wie künstlich herbeigeführte Entgrenzung Voraussetzung für das Auftreten eines grotesken Moments, das dann eine Schnittstelle zwischen den beiden Sphären bildet. Aus seiner eigenen Biographie heraus kann diese These bestätigt werden. An einer späteren Stelle wird das Krankheitsmotiv und mit ihm die Bedeutung der Dichterfigur noch näher behandelt werden.

Die von Anselmus gefühlte Bedrohung durch die Hexenfratze wird noch dadurch verstärkt, dass die Klingelschnur an der Tür zu einer riesigen Schlange morphologisiert (wiederum ist hier von einer technomorphen Chimäre zu sprechen), die sich um ihn herumwindet und ihn zu ersticken droht. Hier ist in seltener Klarheit die schon angesprochene Ambivalenz gleichsam bildlich ausgedrückt: Die Schlange, die in Gestalt der lindgrünen Schlänglein am Elbufer noch Sinnbild für die Romantik, die Sphäre des Phantastischen war und damit den erfolgversprechenden Gegenentwurf zur Philisterwelt darstellte, gerinnt nun zur Bedrohung. Anselmus' falsche, weil zu hingegebene und einseitige Hinwendung zur romantischen Sphäre wird als unzureichend entlarvt; das Weltganze scheint nicht alleine durch eine der beiden Sphären zu umfassen sein.

Als die Schlange dann ihre Zunge auf Anselmus' Brust legt, zerreißt ein glühender Schmerz seine Pulsadern und er wird bewusstlos – in diesem Moment hat er die Erkenntnis über die Ambivalenz der Welt erlangt, die er allerdings weder verarbeiten noch begreifen kann – er fällt in Ohnmacht.

---

167 Hoffmann: Der goldne Topf, S. 25.

Somit können an dieser Textstelle Hoffmanns Arbeitsweise, seine
Gestaltung des Grotesken sowie seine Ambiguität bei der Betrachtung
der Welt verdeutlicht werden.

Die Ambivalenz der Hexen- bzw. Marktweibfigur zieht sich indes
durch das gesamte Märchen hindurch. So ist die Hexe gemein, hinter-
hältig und kämpft mit dem Archivarius um dessen goldnen Topf (als
das zentrale romantische Symbol der Erzählung); auf der anderen Seite war sie als »alte Liese« einstmals Veronikas Amme.

An einer weiteren Stelle soll diese Dualität der Hexenfigur nochmals kurz aufgezeigt werden: Als die Alte Veronika von Anselmus ab-
raten will, sagt sie:

> »Laß ab, laß ab von dem Anselmus, das ist ein garstiger
> Mensch, der hat meinen Söhnlein ins Gesicht getreten, meinen
> lieben Söhnlein, den Äpfelchen mit den roten Backen, die,
> wenn sie die Leute gekauft haben, ihnen wieder aus den Ta-
> schen in meinen Korb zurückrollen.«[168]

Mithilfe einer biomorphen Gestaltungsform des Grotesken weist
Hoffmann hier wieder auf die Ununterscheidbarkeit beider Sphären
hin, die so weit getrieben wird, dass der herkömmliche Ordo infrage
gestellt werden muss. Wenn die Äpfel, in die Anselmus hineingerannt
ist, die Söhne einer Hexe sein können, ohne dass sich dies äußerlich
bemerkbar macht, könnte auch gefragt werden, welche Geheimnisse
noch im »Normalen« der dinglichen Realität verborgen liegen. Hoffmanns Weltsicht verurteilt »die selbstbewusste Enge verabsolutierender Sicht [...], welche die Relativität jeglicher Wirklichkeit, wie sie in
der Groteske zu Tage tritt, nicht anerkennen will [...]«[169] – indem der
Autor hinter allgemein als klar definierten Dingen wie Äpfeln eine

---

168 Hoffmann: Der goldne Topf, S. 54.
169 Cramer, S. 66.

zweite, irreale Ebene verbirgt, bringt er diese Relativität deutlich zum
Ausdruck.

An der Figur des Anselmus und damit der Dichterproblematik soll an
dieser Stelle die Bedeutung des Grotesken für Hoffmann nochmals
verdeutlicht werden.

Anselmus, der aus der bürgerlichen Welt kommt und mit dem Eintritt in die romantische Sphäre zum Dichter wird, ist in der Lage, in
beide Sphären hineinzublicken und sie zu erleben. Er fungiert gleichsam als Bindeglied zwischen der bürgerlichen Sphäre (in die er von
Veronika immer wieder gezogen wird) und der romantischen Welt
des Archivarius. Wir haben an anderer Stelle festgestellt, dass das
Groteske für Hoffmann Ausdrucksmittel der Ambivalenz zwischen
beiden Sphären ist. Cramer schreibt hierzu:

> »Beide Welten sind für Hoffmann objektiv vorhanden und da-
> her wahr, sie werden aber für die subjektive Figur der Dichtung
> nur insofern wirklich, als sie von ihr erkannt werden, d.h. sie ge-
> langen erst in der subjektiven Anerkennung zur Wirklichkeit.
> [...] Diese Diskrepanz zwischen Wahrheit und nicht anerkannter
> Wirklichkeit dieser Wahrheit [...] scheint uns die Grundlage des
> Hoffmannschen Wirklichkeitsbegriffs und damit von funda-
> mentaler Wichtigkeit für das Verständnis seiner Grotesken.«[170]

Indem sich für Anselmus der Türklopfer also mit der Fratze der Hexe
vermischt, indem also die Grenzen zwischen anerkannter und noch
nicht anerkannter, gleichwohl aber vielleicht ebenso vorhandener
Wirklichkeit aufgelöst werden, gelangt er zur Erkenntnis der »Dupllzi-

---

170 Cramer, S. 58.

tät alles Seins«[171], die sowohl das Alltägliche wie auch das Irreale, Romantische einschließt. Diese Erkenntnis »muß sich dort vollziehen, wo die Wirklichkeiten durch Konfrontation und Kontrastierung in ihrer Relativität entlarvt werden: dieser Ort der Erkenntnis ist die Groteske.«[172]

Hoffmann dekliniert diese Duplizität im »Goldnen Topf« allein schon durch die Figurenkonstellation durch: Jede Figur einer Sphäre hat ihre Entsprechung in der jeweils anderen: Aus dem Archivarius Lindhorst der bürgerlichen Welt wird in der phantastischen die mythische Figur eines Salamanders, dem Marktweib entspricht die böse Hexe, die mit dem Archivarius um den goldenen Topf kämpft. Beide Prinzipien bilden ein Figurenpaar; die Übergänge zwischen ihnen sind fließend und werden im Grotesken vollzogen.

Figürlicher Kristallisationspunkt der Duplizitätserkenntnis ist für Hoffmann die Dichterpersönlichkeit: Der Dichter hat gleichzeitig die Gabe und die Verpflichtung, das Groteske als »Mittel des Transzendierens«[173] zu verwenden, um den »normalen« Menschen, die eben jene Duplizität alles Seins nicht zu erkennen vermögen, zu einer Einsicht zu verhelfen und ihren Wahrnehmungshorizont zu erweitern. Indem der Dichter als extrapolierte Persönlichkeit in einem sehr viel höheren Maße über die Welt und ihre Realität nachdenkt als der Alltagsmensch, wird er selbst umso mehr zur grotesken Persönlichkeit, je tiefer er in der Erkenntnis beider Weltwirklichkeiten voranschreitet. Die Beispiele hierfür sind im Hoffmannschen Kosmos zahlreich: Anselmus verliert mehr und mehr seiner bürgerlichen Anerkennung, je weiter er in den Bannkreis des Archivarius gerät; der Rat Krespel aus der gleichnamigen Erzählung wird als genialischer Sonderling gestal-

---

171 Hoffmann, hier zit. nach Cramer, S. 62.
172 Cramer, S. 63.
173 Cramer, ebd.

tet, der »den bitteren Hohn, wie der in das irdische Tun und Treiben eingeschachtelte Geist ihn wohl oft bei der Hand hat, [...] in tollen Gebärden und geschickten Hasensprüngen [ausführt]«[174]; und auch Nathanael aus dem »Sandmann« gerät mit zunehmender Dichterwerdung und verklärender Hingabe an das vermeintliche Mädchen Olimpia[175] zur grotesk-wahnsinnigen Figur. Die Erkenntnis, die der Dichter aufgrund seiner Genialität erreicht (hier sei an den Geniebegriff aus dem Sturm und Drang erinnert!), kann vom »normalen« Menschen nur in der physiognomisch-psychischen Veränderung erlangt werden: im Rausch durch den Genuss von Alkohol wie im »Goldnen Topf«, durch eine Krankheit wie im Fall des »Rat Krespel«, durch den pathologischen Wahnsinn eines Nathanael im »Sandmann«. An dieser Stelle schließt sich der Kreis zu Hoffmanns eigener Biographie, der ja selbst exzessiv bis zur Halluzination trank.

Im Gegensatz zu Fischart, der das Groteske durch Sprachspiele und Derbheiten vor allem im Bereich der Komik ansiedelte, gestaltet Hoffmann seine Formen des Grotesken eher als unheimliche, dämonische Einbrüche des Irrationalen in die »Realität«, was als charakteristisch für den Autor und seine Schauergrotesken in der Romantik gelten kann. Insofern entspricht er damit dem Groteskenbegriff Wolfgang Kaysers, der das Groteske als Aufkeimen des Unerlaubten und Verdrängten in der Welt beschrieben hat. In der Tat verdrängen die Philister Hoffmanns sämtliche Erscheinungen, die sie für nicht erklärbar erachten. Gleichwohl spielt auch die für das Groteske typische Ambivalenz von Komik und Grauen bei Hoffmann – im Widerspruch zu Kayser - eine Rolle. Wenn Anselmus' romantische Schwärmerei von sprechenden Vögeln konterkariert und beschimpft

---

174 E.T.A. Hoffmann: Rat Krespel. Stuttgart 2002, S. 19.
175 Vgl. E.T.A. Hoffmann: Der Sandmann. Frankfurt 1986.

wird[176], dann wird dieser Nexus sehr deutlich. Thomas Cramer bezeichnet Hoffmanns Sicht der Romantik folgerichtig als »romantische Ironie«[177], wie sie beispielsweise auch bei Heinrich Heine zum Ausdruck gekommen ist. Das Groteske ist bei Hoffmann häufig geprägt von einer feinen Komik, die in der Spiegelung beider Realitäten in der jeweils anderen und der Ablehnung jeder Eindimensionalität begründet liegt. Diese Verwendung der Ironie, wie sie im »Goldnen Topf« zu finden ist, mag Cramers These verifizieren.

Wichtig ist in diesem Zusammenhang jedoch, dass das groteske Moment bei Hoffmann immer von der subjektiven Wahrnehmung des jeweiligen Protagonisten erzeugt wird. Wenn Veronika den Ofenaufsatz für eine dämonische Kreatur hält, so geschieht dies, weil sie ihn dafür gehalten hat, nicht, weil er tatsächlich so ist. Hoffmann glaubt nicht an das tatsächlich Dämonische, an die wirkliche Vermischung von Türklopfer und Mensch, nein: Er will mit Hilfe des Grotesken die Problematik des menschlichen Weltverständnisses darstellen und mit ihr die Erkenntnis, dass die Welt seiner Ansicht nach eben nicht nur gut oder nur böse, sondern allenfalls eine nicht wirklich zu entzerrende Mischung aus beidem sei. »Nicht das Geschaute hat sich verändert, sondern Blick und Einstellung des Betrachters.«[178] Für Kayser ist das Verdrängte insofern wirklicher als für Hoffmann, dem es mehr auf die Innensicht des Betrachters ankommt.

Plädiert Hoffmann als romantischer Schriftsteller nun für eine Abkehr vom Rationalismus und eine Hinwendung zum nur Phantastischen? Wohl kaum. Ihm würde Unrecht getan, interpretierte man seine Werke nur als Ablehnung rationalistischer Strömungen wie der Klassik

---

176 Vgl. Hoffmann: Der goldne Topf, S. 60f.
177 Cramer, S. 177.
178 Steinecke, S. 143.

oder auch der Aufklärung. Ebenso wenig ist Hoffmann an einem schwärmerischen Romantizismus gelegen, dem viele Romantiker nachhingen. Für ihn lässt sich die Welt weder einseitig mit rationalistischen, streng normierenden Geistesströmungen noch mit purer romantischer Verklärung begreifen – Hoffmann begreift sie facettenreicher und als Mischung aus beiden Sphären:

> »In alter Zeit hatten wir einen frommen, schlichten Glauben, wir erkannten das Jenseits, aber auch die Blödigkeit unserer Sinne, dann kam die Aufklärung, die alles so klar machte, dass man vor lauter Klarheit nichts sah und sich am nächsten Baume im Walde die Nase stieß, jetzt soll das Jenseits erfasst werden mit hinübergestreckten Armen von Fleisch und Bein.«[179]

Das Groteske, so konnte in diesem Abschnitt belegt werden, hat für Hoffmann die Funktion des Sichtbar- und Bewusstmachens der Vielschichtigkeit der Welt. Insofern kann hier das gleiche Phänomen wie bei Fischart betrachtet werden, der das Groteske in seiner karnevalesken »Geschichtklitterung« als spielerisches Darstellungsmittel einer möglichen Alternative zur Wirklichkeit nutzte. Bei Hoffmann ist die Ambivalenz der Welt allerdings realer. Ihm ging es vor allem um die Dualität von Alltäglichem und Irrealem, deren beide Seiten er - anders als Fischart seine hyperbolischen Übertreibungen - als durchaus existent begriff. Ihm mag es darum gegangen sein, seine Sichtweise auch einem größeren Publikum deutlich zu machen.

Auffallend ist in diesem Zusammenhang auch Goethes Ablehnung des Grotesken bei E.T.A. Hoffmann – für ersteren galten das organische Prinzip der Klassik und die Einheit von Ich und Welt noch als unverbrüchlicher Bezugspunkt, während Hoffmann jene Einheit durch die Einarbeitung des Grotesken explizit infrage stellte. Goethe

---

179 E.T.A. Hoffmann: Fragment aus dem Leben dreier Freunde, Darmstadt 1968, S. 173. Hier zit. nach Cramer, S. 73.

spricht in Bezug auf Hoffmann ablehnend von den »krankhaften Werke[n] des leidenden Mannes«.[180] Und Peter Fuß konstatiert, »die Kontroverse Hoffmann/Goethe [könne] als Kontroverse zwischen den gegenläufigen Prinzipien des Klassischen und Grotesken gelesen werden.«[181]

Peter Fuß' These vom Grotesken als einem Medium kulturellen Wandels ist in Bezug auf Hoffmann also zuzustimmen. Fuß spricht davon, das Groteske erschüttere den Schein der Unhinterfragbarkeit; dadurch kollidiere die jeweilige Kultur mit ihrem Fremden. Dies geschieht bei Hoffmann: Er benennt die Ambivalenz der Welt, macht sie sichtbar und überschreitet so die Normgrenzen des (für die Philister und viele Menschen seiner Zeit) Erlaubten. Das bislang als unhinterfragbar und selbstverständlich Angesehene wird plötzlich mehrdeutig und vielschichtig. Insofern weist auch Hoffmanns Poetik kulturtransformatorische Merkmale im Sinne Fuß' auf. Das Ergebnis der Grenzüberschreitung mit Hilfe des Grotesken kann indes nur im literaturgeschichtlichen Rückblick aus heutiger Sicht in der Nachfolge neuer geistesgeschichtlicher Strömungen als geglückt bewertet werden. Man könnte also sagen, Fuß' These sei allein dadurch verifiziert, dass ja nach der Romantik tatsächlich andere Epochen nachfolgten, die den von Hoffmann durch das Groteske an die Oberfläche gebrachten Widerspruch zwischen Irrealem und Realem entsprechend ambivalenter und offener betrachteten. Letzten Endes zeugt die Postmoderne von der Kulmination der literaturgeschichtlichen Ideologien, die schon Hoffmann in der Romantik benannt hatte.

---

180 zit. nach Fuß, S. 51.
181 Ebd.

2.4.3 Friedrich Dürrenmatt und die Geschichte als groteskes Phänomen

Der Schweizer Friedrich Dürrenmatt (1921-1990) gilt als einer der bedeutendsten Schriftsteller des vergangenen Jahrhunderts. Wie kaum ein anderer Autor hat er die gesellschaftlich-kulturellen Zusammenhänge nach dem Zweiten Weltkrieg kritisch bewertet und hinterfragt. Vor allem das Groteske spielt hier als Gestaltungsmerkmal eine große Rolle. In diesem Kapitel soll anhand einer Analyse des Stücks »Romulus der Große«[182] Dürrenmatts Verwendung von Techniken des Grotesken exemplarisch dargestellt werden. Zunächst erscheint es jedoch sinnvoll, kurz auf den Grotesken- und Komödienbegriff Dürrenmatts selbst einzugehen.

2.4.3.1 Der Grotesken- und Komödienbegriff Dürrenmatts

Das Groteske ist im gesamten Werk Dürrenmatts von entscheidender Bedeutung. Er unterscheidet bei der Betrachtung des Grotesken zwei Formen: »Groteskes einer Romantik zuliebe, das Furcht oder absonderliche Gefühle erwecken will (etwa indem es ein Gespenst erscheinen lässt), und Groteskes eben der Distanz zuliebe, die *nur* durch dieses Mittel zu schaffen ist.«[183] Entspricht er mit der ersten Möglichkeit eher dem Kayserschen Groteskenbegriff, so ist die zweite die für sein Schaffen entscheidende. Ihn gestaltete Dürrenmatt in seinem Werk

---

182 Friedrich Dürrenmatt: Romulus der Große. Ungeschichtliche historische Komödie in vier Akten. Zürich 1998.

183 Friedrich Dürrenmatt: Anmerkungen zur Komödie. In: ders.: Theater. Essays, Gedichte und Reden. Zürich 1998, S. 20-25, hier S. 24. (Hvh. durch den Autor)

immer wieder; vor allem die Komödie war ihm dabei eine wichtige Form der Umsetzung.

Von zentraler Bedeutung für das Weltbild und damit das Verständnis Dürrenmatts ist der Begriff des Paradoxen: Für ihn sind in der Welt selbst Paradoxien angelegt, d.h. widersprüchliche, scheinbar zugleich wahre und falsche Sachverhalte, die gleichermaßen unverständlich wie unwiderlegbar sind. Das Groteske ist für Dürrenmatt nun der Versuch, die real vorhandenen Paradoxien ästhetisch darzustellen: Es ist ihm »ein sinnlicher Ausdruck, ein sinnliches Paradox, die Gestalt nämlich einer Ungestalt, das Gesicht einer gesichtslosen Welt [...]«.[184] An dieser Stelle wird Dürrenmatts höchst ambivalentes Weltverständnis erkennbar, auf das wir gleich noch zu sprechen kommen.

Für die Darstellung der Ambivalenz der Welt bedient sich Dürrenmatt der Form der Komödie. In seiner Komödienkonzeption, die sich auf die alte attische Komödie des Aristophanes beruft, hat der Begriff des »Einfalls« eine eminent wichtige Bedeutung. Ähnlich wie in jenen griechischen Werken, bricht auch bei Dürrenmatt ein »unerwartetes, ein fast surreales, ein groteskes Ereignis«[185] in Form des Zufalls in die alltägliche, von den gewöhnten Normen bestimmte Welt ein und verändert diese. So werden eine groteske Situation bzw. ein komischer Konflikt geschaffen, die die sicher geglaubte Realität infrage stellen – das Grundcharakteristikum des Grotesken wird hier erkennbar: »Es sind Einfälle, die in die Welt wie Geschosse einfallen [...], welche, indem sie einen Trichter aufwerfen, die Gegenwart ins Komische umgestalten.«[186] Die Rolle des Dichters formuliert Dür-

---

184 Friedrich Dürrenmatt: Theaterprobleme. In: ders: Theater. Essays, Gedichte und Reden, Zürich 1998, S. 31-72, hier S. 62.
185 Jürgen Kost: Geschichte als Komödie. Zum Zusammenhang von Geschichtsbild und Komödienkonzeption bei Horvàth, Frisch, Dürrenmatt, Brecht und Hacks. Würzburg 1996, S. 135.
186 Friedrich Dürrenmatt: Werke (1991). Zürich 1991. Band 7, S. 23.

renmatt als eine beschreibende: Der Dramatiker solle zeigen, »was wahrscheinlicherweise geschähe, wenn sich unwahrscheinlicherweise etwas Bestimmtes ereignen würde.«[187] Dürrenmatt will die Welt »zu Ende denken«[188] – für ihn kann dies jedoch nur erreicht werden, wenn »die schlimmstmögliche Wendung« durch den Zufall eintritt.[189] Somit wird die Welt in ihrer Zwiespältigkeit und Unvorhersagbarkeit selbst zur Komödie - die Bedeutung des Lachens bei Dürrenmatt tritt zutage. Jenes ist bei ihm kein befreites, überlegenes Lachen, wie es bei der Satire durch das Vorhandensein eines Gegenentwurfs zur Welt der Fall ist, sondern ein Lachen, das umgeschlagen ist. Nicht mehr der Mensch beherrscht die Komik, sondern die Komik beherrscht den Menschen. Wir hatten zu Beginn dieser Studie in Bezug auf Thomas Cramer schon auf diese Tatsache hingewiesen.[190]

Dürrenmatt begreift die Welt als eine undurchschaubare Abfolge verschiedener Entwicklungsmöglichkeiten, über deren Auswahl allein der Zufall – also der groteske »Einfall« in die Realität – entscheidet. Das groteske Moment gestaltet Dürrenmatt in vielen Fällen als Invertierung der Realität – durch sie zeigt er, dass eben auch eine andere, verborgen gebliebene Möglichkeit der Weltentwicklung durch den Zufall hätte ausgewählt und damit real werden können: »Wirklichkeit ist die Möglichkeit, die sich verwirklicht hat, die Möglichkeit ist die Möglichkeit, die sich verwirklichen könnte.«[191] In dieser Sichtweise, die Dürrenmatt oft den Ruf eines Nihilisten oder gar eines Fatalisten einbrachte, wird der Mensch vom vermeintlichen Subjekt zum Objekt des Zufalls degradiert: Dadurch, dass der Zufall alle Ordnungsstruktu-

---

187 zit. nach Kost, S. 137.
188 Friedrich Dürrenmatt: Thesen zu den »Physikern«, Zürich 1985, These 2, S. 91.
189 Dürrenmatt, ebd., These 4.
190 Vgl. hierzu S. 25.
191 Dürrenmatt: Werke (1991), Bd. 7, S. 145.

ren und theoretischen Überlegungen ad absurdum führt, ist die Realität für den Menschen auch nicht planbar. Für Dürrenmatt ist das Gegenteil der Fall: »Je planmäßiger die Menschen vorgehen, desto wirksamer vermag sie der Zufall zu treffen. [...] Der Zufall trifft sie dann am schlimmsten, wenn sie durch ihn das Gegenteil ihres Zieles erreichen: Das, was sie befürchteten, was sie zu vermeiden suchten.«[192] Gerade letzteres wird bei unserer Betrachtung des »Romulus« noch von entscheidender Bedeutung sein.

Es zeigt sich hier Dürrenmatts Verneinung jeglicher Planungsmöglichkeit der Welt durch den Menschen – über die Planungsmöglichkeit gelangt er zum Begriff der Ideologie: Jede Deutung der Wirklichkeit, die rational absolute Gültigkeit beansprucht und den Zufall nicht in ihr Kalkül mit einbezieht, steht bei dem Schweizer im Ideologieverdacht. Keine Ideologie kann Dürrenmatt zufolge die Wirklichkeit greifen, weil sie sich zwangsläufig auf rational begründete Planungs- und Ordnungsmuster beruft. In dem Moment jedoch, in dem die Ideologie dem Irrationalen und Unvorhersehbaren in Form des Zufalls begegnet, wird sie als Welt- und Wirklichkeitserklärung wertlos.

Welche Bedeutung hat nun also der Mensch, der dem zufällig bestimmten Weltverlauf machtlos gegenübersteht, für Dürrenmatt?

Als Äquivalent zu E.T.A. Hoffmanns Künstlerfigur, die in der Lage ist, beide Weltwirklichkeiten zu erkennen, bringt Dürrenmatt den Begriff des »mutigen Mensche« in seine Theorie ein. Ein »mutiger Mensch« ist für Dürrenmatt derjenige, der die Ambivalenz und groteske Widersinnigkeit der Welt erkennt, gleichwohl aber die Einsicht und Weisheit besitzt, sie zu akzeptieren: Er erträgt die Realität. Ähnlich wie schon der Künstler bei Hoffmann, fungiert der »mutige Mensch« auch bei Dürrenmatt als Schnittstelle zwischen geschehener und möglicher Wirklichkeit, zwischen vom Menschen erträumter

192 Dürrenmatt: Thesen zu den Physikern, Nr. 9 u. 10, S. 91f.

Welterklärbarkeit und der prinzipiellen Undurchschaubarkeit derselben.

In den Dürrenmattschen Grotesken tauchen, sieht man einmal von
quasi-chimärischen Figuren wie der Claire Zachanassian[193] mit ihren
unzähligen Prothesen ab, keine Fabel- und Albtraumwesen auf, die
das Unheimliche der Welt an die Oberfläche des menschlichen Be-
wusstseins bringen. Bei ihm sind es vielmehr unsere Handlungen und
ihre den Intentionen entgegengesetzten Folgen, die die Autonomie
der Menschen infrage stellen und das Weltganze zur Groteske machen. In der nun anschließenden Analyse von »Romulus der Große«
wird dies zu zeigen sein.

2.4.3.2 »Romulus der Große« – Geschichte als grotesker Einfall in die Realität

Das Stück »Romulus der Große«, uraufgeführt 1949 in Basel, kann als
geradezu typisches Beispiel für die Verwendung des Grotesken bei
Friedrich Dürrenmatt angesehen werden. Da sich das groteske Moment bei Dürrenmatt im Gegensatz zu Fischart jedoch nicht in erster
Linie sprachlich auswirkt, soll der Bereich der Sprache hier weitestge-
hend ausgeklammert und das Stück vielmehr als Ganzes betrachtet
werden. Auch hier erscheint es eingangs geboten, in aller Kürze den
Inhalt des Stücks zu rekapitulieren.

Seit seinem Amtsantritt im Jahre 476 n. Chr. wohnt der Kaiser Romulus mit seiner Frau Julia, seiner Tochter Rea, einigen Bediensteten und
vor allem seinen Hühnern auf seinem Landsitz in Campanien. Er ver-

---

193 Vgl. Friedrich Dürrenmatt: Der Besuch der alten Dame. Zürich 1998.

bringt seine Zeit mit Essen, Schlafen, Lesen und der Hühnerzucht. Selbst als der Präfekt Spurius Titus Mamma die Nachricht überbringt, dass das römische Heer in Pavia vernichtend von den Germanen geschlagen worden sei, kümmert sich Romulus lieber um den Ausverkauf der letzten Kunstschätze des Palastes. Damit unterbindet er - scheinbar unabsichtlich - alle Versuche, das Imperium zu retten, welche vom Innen- und Kriegsminister unternommen werden. So kommt es schließlich beinahe zur Ermordung des Kaisers durch seine noch immer staatstreuen Untergebenen. Währenddessen rücken die Germanen unter ihrem Feldherren Odoaker unaufhaltsam auf Rom vor. Im dritten Akt gibt Romulus schließlich zu, dass er den Untergang Roms absichtlich herbeiführen wolle, da dieses zu einem Weltreich verkommen und somit eine Einrichtung geworden sei, die »öffentlich Mord, Plünderung, Unterdrückung und Brandschatzung auf Kosten der anderen Völker«[194] betreibe. Als »Richter Roms« wolle er die Bestrafung des Imperiums vorantreiben, so der Kaiser. Julia flieht mit der Tochter nach Sizilien und kommt auf dem Wege dorthin um. Als die Germanen in Rom eintreffen, wird in einem Gespräch zwischen Odoaker und Romulus deutlich, dass beide ähnliche politische Ansichten sowie eine Vorliebe für die Hühnerzucht haben. Odoaker gesteht, dass er den Feldzug gegen Rom nur unternommen habe, um sich aus Angst vor einem zu mächtigen und grausamen Germanenreich unter der Führung seines Neffens Theoderich den Römern zu unterwerfen. Das Scheitern der Pläne beider Herrscher ist somit besiegelt, Romulus' Hoffnung auf eine Bestrafung Roms durch die Herrschaft eines primitiven Germanenreiches haben sich zerschlagen. Beide beschließen, dass Romulus freiwillig in Pension gehen und ein Haus sowie 6000 Goldmünzen erhalten solle. Odoaker übernimmt

---

194 Dürrenmatt: Romulus, S. 77.

das römische Imperium, Romulus verlässt den Palast mit der Kaiser-
büste unter dem Arm.

Die Analyse des Stücks soll sich aus Platzgründen hauptsächlich auf
die Figur des Romulus beziehen, da dieser als Kernprotagonist der
Handlung und darüber hinaus als Angelpunkt des eigentlich grotesken
Moments des Stückes gelten kann.

Die Gestaltung grotesker Momente im Stück beschränkt sich mit
wenigen Ausnahmen auf die Technik der Invertierung der Realität.
Vor allem in den ersten beiden Akten wird Romulus als Verkehrung
des herkömmlichen Bildes eines stolzen und handlungsstarken römischen Imperators karikiert. Wird die Vorstellung eines real existieren-
den römischen Kaisers im Normalfall dadurch bestimmt, dass dieser
das Ansehen und die Größe Roms durch Feldzüge, martialische
Heldentaten und geschicktes politisches Taktieren zu steigern
versuche, so tut Romulus nichts dergleichen. Er war seit seinem
Amtsantritt zwanzig Jahre zuvor nicht ein einziges Mal in der
Hauptstadt Rom, lebt nur auf seinem Landsitz und beschäftigt sich
mehr mit dem Essen, dem Schlafen und der Hühnerzucht statt mit
politischen Sachverhalten. Vor allem das Essen als fast einzige
monströse Form des Grotesken im Stück ist hier zu betonen:
Romulus schlemmt und tafelt fast während des gesamten ersten Aktes
in schon unnormal zu nennender Art und Weise, was sich explizit in
den Regieanweisungen zeigt:

> »[Der Kaiser] klopft das Ei auf.[...] Majestät löffelt das Ei aus.
> [...] Majestät isst Schinken und Brot. [...] Majestät trinkt Milch.
> [...] Majestät zerschneidet den Rindsbraten. [...] Majestät legt
> Messer und Gabel nieder. [...]«[195]

---

195 Dürrenmatt: Romulus, S. 17ff.

Vera Schulte weist in diesem Zusammenhang darauf hin, dass diese »sowohl komisch als auch grausig wirkenden Fressorgien [...] in Dürrenmatts Werk, mehr oder weniger drastisch verzerrt, immer wieder zu finden [sind].«[196]

Schon durch diese groteske Prioritätsverteilung zeigt sich hier, dass Romulus' Kaiserfigur als heroisch-historische Größe in karikaturistisch-satirischer Weise ad absurdum geführt wird. Nicht die Lage der Nation, sondern nur sein leibliches Wohlergehen beschäftigen den Herrscher Roms. Kennzeichen hierfür sind darüber hinaus, dass der Koch für Romulus der »wichtigst[e] Mann [seines] Reichs«[197] ist, nicht etwa der Kriegsminister oder andere Würdenträger aus dem politischen Bereich.

Die groteske Invertierung des »herkömmlichen« Kaiserbildes setzt sich indes noch weiter fort, betrachtet man beispielsweise des Kaisers Leidenschaft für die Hühnerzucht: Romulus' Hennen tragen die Namen ehemaliger römischer Kaiser wie Augustus, Tiberius oder Domitian. Wird Romulus durch diese Karikatur und die quasi-biomorphe Verbindung von Mensch (Kaiser) und Tier schon als würdiger Kaiser demontiert, so zeigt vor allem seine Bevorzugung der besten Legehenne mit dem Namen Odoaker - dem germanischen Feldherrn und gegenwärtigen Hauptfeind Romulus im Kampf um Rom -, dass er nicht als herkömmlicher Kaiser zu sehen ist:

> »Und in Zukunft möchte ich auf meinem Morgentische die Eier
> der Henne Odoaker finden, die meine volle Sympathie besitzt.
> Es muß sich hier um eine erstaunliche Begabung handeln.

---

196 Vera Schulte: Das Gesicht einer gesichtslosen Welt. Zu Paradoxie und Groteske in Friedrich Dürrenmatts dramatischem Werk. Essen 1987 , S. 213.
197 Dürrenmatt: Romulus, S. 17.

Man soll von den Germanen nehmen, was sie Gutes hervor-
bringen, wenn sie schon einmal kommen.«[198]

Die weit verbreitete Einschätzung der Germanen, die aus dem Blick-
winkel Roms immer den Status einer Horde wilder Barbaren hatten,
die gegen die zivilisierte Großmacht Roms ankämpfte, ist bei Romulus
ins Gegenteil verkehrt. Er gesteht einer Henne mit germanischem
Namen nicht nur eine »höchste« Begabung zu, sondern erklärt darüber hinaus explizit, Kulturgut der Germanen in das römische auf-
nehmen zu wollen – eine Aussage, die womöglich kein realer römischer Kaiser je getroffen hätte. Schon an dieser frühen Stelle zeigt sich
durch die groteske Invertierung die äußerst ambivalente Stellung Romulus' zu Rom und seinem eigenen Kaisertum, was im Hinblick auf
den eigentlichen Plan Romulus' schon auf die spätere Entwicklung
vorausdeutet.

Das Bild Romulus' als eines träg-fatalistischen Kaisers wird in der
Folge noch verstärkt, wenn beispielsweise der Bote Spurius Titus
Mamma eintrifft und den Kaiser von der Niederlage der römischen
Truppen gegen die Germanen unter Odoaker informieren will. Romulus schickt den erschöpften Boten zur Empörung des Palastpersonals
erst einmal schlafen und empfängt statt dessen einen Kunsthändler,
dem er die letzten Kunstschätze des Palastes verkauft, um ein wenig
zu Geld zu kommen. Auf die Prophezeiung einer »umstürzenden Mel-
dung« erwidert Romulus lediglich:

> »Meldungen stürzen die Welt nie um. Das tun die Tatsachen,
> die wir nun einmal nicht ändern können, da sie schon gesche-
> hen sind, wenn die Meldungen eintreffen. Die Meldungen regen

---

198 Dürrenmatt: Romulus, S. 19.

die Welt nur auf, man gewöhnt sie sich deshalb so weit als möglich ab.«[199]

Von Bedeutung ist hierbei, dass Romulus schon an dieser Stelle anscheinend die später deutlich hervortretenden Züge eines Fatalisten zur Schau stellt; eines Fatalisten, der den Verlauf der Geschichte scheinbar als kaum beeinflussbar ansieht und sich deshalb nicht um Meldungen und politische Geschehnisse kümmert.

Diese Einstellung Romulus' wird am Schluss des ersten Aktes noch verstärkt: Romulus schläft erst seit dem Zeitpunkt wieder gut, an dem er Kaiser geworden ist (bei den »normalen« Kaisern war dies wegen der schweren Bürde der Macht wahrscheinlich umgekehrt); ihm wird »das Pflichtbewusstsein [seiner] Offiziere lästig«[200] (womit er sich von jedem Kriegsherrn der Geschichte unterscheiden dürfte); und er ist der Überzeugung, dass das römische Imperium »aus dem letzten Loch«[201] pfeift. Die Maßstäbe für das Wichtige und das Unwichtige haben sich für Romulus scheinbar absolut verschoben und grotesk ins Gegenteil verkehrt; für ihn relativiert sich alles in seiner Bedeutung. Fast phlegmatisch scheint Romulus den bei Untätigkeit zwangsläufigen Untergang des römischen Imperiums hinnehmen zu wollen – er will »die Weltgeschichte nicht stören«[202] Sogar als der heimgekehrte Dichter Ämilian dem Kaiser die grausamen Folgen seiner Untätigkeit vor Augen führt und ihm von den tausendfachen römischen Opfern berichtet, bleibt Romulus untätig. So absolut ist Romulus' Trägheit, dass er bei seinen Untertanen Verschwörungspläne gegen ihn weckt: »Dieser Kaiser muß weg!«[203], sagt der Dichter Ämilian – schon an dieser Stelle mehren sich die Anzeichen für den

---

199 Dürrenmatt: Romulus, S. 21.
200 Dürrenmatt: Romulus, S. 26.
201 Dürrenmatt: Romulus, S. 25.
202 Dürrenmatt: Romulus, S. 45.
203 Dürrenmatt: Romulus, S. 69.

späteren Mordversuch, der nur durch das Eintreffen der Germanen vereitelt wird.

Das eigentlich groteske Moment des Werks tritt an dieser Stelle noch nicht zutage. Es lässt sich erst in der Aufeinanderfolge der 4 Akte klar herausarbeiten, was nun geschehen wird.

Welche Intention verfolgt Dürrenmatt nun, wenn er Romulus als einen extrem untypischen, sehr faulen und damit grotesk invertierten Kaiser darstellt, dem das Wohl seines Reiches herzlich egal ist?

Indem Romulus die Grenzen des Gewohnten und Erlaubten in fast jedem Bereich nicht nur überschreitet, sondern dem Herkömmlichen – nämlich der Rettung Roms vor den Germanen – sogar noch entgegenarbeitet und es so grotesk invertiert, vollzieht sich beim Rezipienten ein Rückbezug auf das eigentlich gewohnte Bild eines Kaisers. Indem Dürrenmatt Romulus als lächerliche Figur darstellt, die die Aufgaben eines Kaisers nicht zu erfüllen imstande ist, legitimiert er beim Leser eben jenes Bild des herkömmlichen Imperators, da der Leser das »Normale« erst durch die Invertierung als Maßstab begreift:

> »[Dem Modell der Führung eines Verteidigungskrieges] genügt Romulus in keiner Hinsicht; dabei erscheint dieses Nicht-Genügen in keiner Beziehung werthaft: es erscheint lediglich als das Resultat von Unfähigkeit. So wird Romulus in den ersten beiden Akten dem Verlachen fast uneingeschränkt preisgegeben; das zugrundegelegte Modell, von dem aus Romulus verlacht wird, wird nicht in Frage gestellt, sondern vielmehr bestätigt.«[204]

Erinnern wir uns hier an Foucault, demzufolge die Grenze des Erlaubten, der das Groteske gegenübersteht, erst im Akt der Übertretung ebenjener Grenze geschaffen wird, so ist dies hier zu belegen:

---

204 Kost, S. 145.

Indem Romulus die Grenze des Erlaubten übertritt, wird dem Leser das Erlaubte als Norm bewusst. Auch Dürrenmatt weiß um diese Tatsache und formuliert – wenn auch in einem anderen Kontext - in den Thesen zu den Physikern: »Im Paradoxen erscheint die Wirklichkeit. [...] Wer dem Paradoxen gegenübersteht, setzt sich der Wirklichkeit aus.«[205]

Bei aller Verlachung Romulus' in den ersten beiden Akten bleibt jedoch zu betonen, dass auch Dürrenmatt eine Ambivalenz zwischen Komik und Abstoßung kreiert, wie sie für das Groteske typisch ist: Romulus wirkt neben aller berechtigten Kritik an seinem Kaisertum als »bon vivant« eben auch sympathisch, da er offenbar trotz der Kaiserbürde das »savoir vivre« nicht verlernt hat.

Das erste zur Gänze groteske Moment des Stücks entfaltet sich dann erst im dritten Akt, wenn Romulus seine wahren Absichten enttarnt und so eine Begründung für seine Lethargie liefert:

> »Es ist meine politische Einsicht, nichts zu tun. [...] Ich bezweifle nicht die Notwendigkeit des Staates, ich bezweifle nur die Notwendigkeit unseres Staates. Er ist ein Weltreich geworden und damit eine Einrichtung, die öffentlich Mord, Plünderung, Unterdrückung und Brandschatzung auf Kosten der andern Völker betrieb, bis ich gekommen bin. [...] Das römische Weltreich besteht seit Jahrhunderten nur noch, weil es einen Kaiser gibt. Es blieb mir deshalb keine andere Möglichkeit, als selbst Kaiser zu werden, um das Imperium liquidieren zu können. [...] Ich bin Roms Richter.«[206]

Schien Romulus' Untätigkeit in den ersten beiden Akten noch als ein Produkt seiner Regierungsunfähigkeit, die als reine Satire gemeint schien und den Leser belustigte, so kehren sich mit dieser Äußerung

---

205 Dürrenmatt: Physiker, S. 93.
206 Dürrenmatt: Romulus, S. 77f.

Romulus' die vorherige Sichtweise und das Bewertungskriterium um. Das Groteske bricht hier in Form einer nachträglichen Invertierung des Sachverhaltes in die theatralische Realität ein: Romulus war nicht etwa aus Unfähigkeit lethargisch, sondern aus reinem Kalkül. Er hat die Verderbtheit und Degeneration des römischen Reiches erkannt, dessen unglaubliche Größe und Macht ständig unzählige Menschenopfer fordern. Anstatt seiner eigentlichen Rolle als Kaiser zu entsprechen und für das Reich zu kämpfen, lässt er es bewusst untergehen, um im allgemeinmoralischen Sinn die Gefährdung der Menschheit durch Rom zu beenden. Als der Dichter Ämilian Romulus anklagt, er habe Rom verraten, erwidert dieser: »Nicht ich habe mein Reich verraten, Rom hat sich selbst verraten. Es kannte die Wahrheit, aber es wählte die Gewalt, es kannte die Menschlichkeit, aber es wählte die Tyrannei. [...] Wir haben fremdes Blut vergossen, nun müssen wir es mit dem eigenen zurückzahlen.«[207]

An dieser Stelle tritt das Thema des absolut objektiven, nicht von der eigenen politisch oder persönlich motivierten Subjektivität behinderten Richters in den Vordergrund der Handlung; ein Motiv, das als geradezu typisch für Dürrenmatt gelten kann. Auch in den »Physikern«[208] richten die Erfinder der Atombombe objektiv über ihre eigene Entdeckung; in »Der Richter und sein Henker«[209] spielt diese Thematik ebenfalls eine große Rolle.

Worin besteht nun das eigentlich Groteske dieses Perspektivwechsels? Indem Romulus seine eigentlichen Grundsätze im dritten Akt preisgibt, wird sein zuerst lächerliches Verhalten der ersten beiden Akte im Nachhinein nachvollziehbar und verständlich. Wurde dem Leser in den ersten beiden Akten die insgeheime Zustimmung zum herkömmlichen Kaiserbild abverlangt, indem der groteske »Gegenent-

---

207 Dürrenmatt: Romulus, S. 91f.
208 Vgl. Friedrich Dürrenmatt: Die Physiker. Zürich 1985.
209 Vgl. Friedrich Dürrenmatt: Der Richter und sein Henker. Hamburg 1993.

wurf« in Gestalt Romulus' als lächerlich dargestellt wurde, so invertiert sich die Gemengelage im Nachhinein. Aus lächerlich wird moralisch korrekt, aus dem herkömmlichen Kaiserideal wird nachträglich eine falsche Ideologie, die Blut und Grausamkeit ohne weiteres zum eigenen Staatswohl in Kauf nimmt. Hierin besteht das groteske Moment dieser Stelle: In einer gigantischen Invertierung werden sämtliche in den ersten beiden Akten aufgestellten Wertkategorien miteinander vertauscht. Der Leser erkennt an dieser Stelle, dass er im negativ implizierten Kaiserideal einer Ideologie anhing, deren Falschheit sich ihm jetzt erschließt:

> »Indem das Publikum die Perspektive des Romulus übernimmt, sich mit ihm identifiziert, mit ihm statt über ihn lacht, wird das alte Modell, das dem Verlachen des Romulus zugrunde lag, vollends entwertet [...].«[210]

Kost spricht davon, diese nachträgliche Invertierung sei noch nicht grotesk, da gleichwohl ein Weltentwurf bestehen bleibe – nämlich jener Romulus', der auf Erfüllung seines Plans und damit den Untergang Roms hofft[211]. Ich möchte Kost hier widersprechen und betonen, dass auch bereits diese Stelle für mich grotesk zu nennen ist. Eine Invertierung im Nachhinein, die die herkömmlichen Denkschemata vertauscht und so zu einer Unentscheidbarkeit im Sinne Peter Fuß' führt, ist grotesk.

Dürrenmatt selbst war die erste Fassung des Stücks, die mit dem dritten Akt endet, gleichwohl zu optimistisch. Zu zuversichtlich sei ihm die »Auffassung über die Möglichkeit sinnhaften menschlichen Handelns in der Geschichte zum Ausdruck [gekommen]«, so Jürgen

---

210 Dürrenmatt: Romulus, S. 149.
211 Vgl. Kost, S. 150.

Kost[212] - erst mit dem neuen vierten Akt sei Dürrenmatt zur Verwirklichung seiner eigenen Theorien gekommen. Und tatsächlich: Dürrenmatt will die Welt ja durch den Eintritt des Zufalls als nicht planbar kennzeichnen – in dieser Hinsicht war die erste Fassung wohl in der Tat zu optimistisch.

Im vierten Akt der zweiten Fassung tritt nun ein allgemein als grotesk bestätigter Sachverhalt ein: Hatte Romulus gehofft, durch seine Untätigkeit Rom dem Untergang zu weihen und mit dem Einmarsch der Germanen eine Fortsetzung der Grausamkeiten zu verhindern, so schlägt dieser Plan fehl. Nicht der Germanenherrscher Odoaker wird Germanien anführen – ein Herrscher, der ebenso Hühnerzüchter ist wie Romulus und nur gegen Rom marschierte, um sich zu unterwerfen und damit den Aufstieg Germaniens zu einem Weltreich zu verhindern -, sondern dessen Neffe Theoderich, der Germanien »durch seinen Lebenswandel verseucht, kein Mädchen anrührt, nur Wasser trinkt und sich täglich in Waffen übt«[213]. Für Romulus ist sein wohl erdachter Plan zu einem Dilemma geworden: Führt er als aktiver und engagierter Kaiser weiterhin Rom an und kämpft gegen die Germanen, so würde das Blutvergießen des Weltreichs weitergehen. Folgt er hingegen seinem eigentlichen Plan der Untätigkeit und lässt die Einnahme Roms durch die Germanen zu, so würde auch in diesem Fall das Blutvergießen nicht beendet, sondern durch den Aufstieg Germaniens zum Weltreich neuerlich entfacht: »Mit dem Machtantritt Theoderichs wird ,ein zweites Rom entstehen, ein germanisches Weltreich, ebenso vergänglich wie das römische, ebenso blutig.«[214]

In dieser schon zweiten Verkehrung des Stücks liegt das eigentlich Groteske im Sinne Dürrenmatts. Romulus, der gedacht hatte, die Geschichte aktiv mitgestalten und somit planen zu können, muß sich im

---

212 Ebd.
213 Dürrenmatt: Romulus, S. 107.
214 Kost, S. 151.

vierten Akt die Unmöglichkeit dieses Vorhabens eingestehen. Der Zufall als groteskes Moment ist in Gestalt Theoderichs in die Realität eingebrochen – wäre Romulus' Plan mit Odoaker allein aufgegangen, so ist er mit der nicht vorhersehbaren Existenz Theoderichs zwangsläufig zum Scheitern verurteilt. Wiederum hat Dürrenmatt an dieser Stelle die Wert- und Orientierungskategorien umgekehrt: Glaubte der Leser am Anfang, Romulus sei unfähig und entspreche nicht dem Bild eines herkömmlichen Kaisers, so wurde er im dritten Akt eines Besseren belehrt, indem Romulus' Handeln im Nachhinein sinnvoll wurde. Doch auch diese Sinnhaftigkeit hebt Dürrenmatt durch den hier beschriebenen vierten Akt auf: Jegliche Planung und Einflussnahme auf die Weltgeschichte muß zwangsläufig scheitern, jede »Ideologie«, das heißt die dogmatische Welterklärung ohne Einbezug des Zufalls, ist der chaotischen Komplexität der Welt unterlegen. Kost spricht von dieser doppelten grotesken Invertierung und Aufhebung als »Kipp-Phänomen«:

> »Das Komisch-Groteske realisiert sich im vierten Akt des ‚Romulus' geradezu klassisch als ‚Kipp-Phänomen': keine der gegensätzlichen Positionen hat bestand, eine wird durch die andere in Frage gestellt, beide erscheinen defizitär, beide erscheinen – unter verschiedenem Aspekt – lächerlich.«[215]

Es ist die Geschichte selbst, die als das Groteske in die planungsvolle Welt des Menschen eingebrochen ist – diese »schlimmstmögliche Wendung« im Sinne Dürrenmatts war »nicht vorhersehbar. Sie tritt durch Zufall ein.«[216]

Romulus selbst formuliert gegen Ende des Stücks sehr treffend:

215 Kost, S. 153.
216 Dürrenmatt: Physiker, S. 91.

»Die Wirklichkeit hat unsere Ideen korrigiert. [...] ich wollte Schicksal spielen, und du wolltest das deine vermeiden, nun ist es unser Schicksal geworden, gescheiterte Politiker darzustellen. [...] Wir ließen uns von zwei Gespenstern bestimmen, denn wir haben keine Macht über das, was war, und über das, was sein wird.«[217]

Das Stück endet mit der Pensionierung Romulus', der fort an in der römischen Villa des Lukull mit einer Pension von sechstausend Goldmünzen im Jahr leben soll. Hat der Mensch damit restlos vor der Unplanbarkeit der Welt durch den Verstand kapituliert? Ist Dürrenmatt nun also doch Nihilist, ein Verneiner jeglicher Bestandsfähigkeit des Menschen im Grotesken, also der Welt? Diese Frage muß mit »nein« beantwortet werden, haben wir doch den Aspekt des »mutigen Menschen« außer Acht gelassen. Dürrenmatt charakterisiert mit diesem Wort einen Menschen, der zwar nicht die Macht hat, »die Welt zu ändern«, wohl aber die Kraft, »die Welt zu bestehen«[218]. Ein solcher Mensch wäre also jemand, der die Widersprüchlichkeit der Welt, ihre Paradoxien, ihre Unplanbarkeit, ihr groteskes Wesen als gegeben hinnimmt und nicht an dieser Erkenntnis zerbricht. An dieser Stelle sind starke Parallelen zu Hoffmanns Dichterfigur zu sehen: Der Dichter, der im Gegensatz zu einem Großteil der anderen Menschen in der Lage ist, die Ambivalenz der Welt, ihre Duplizität von Phantastisch-Irrealem und der Realität zu erkennen, flieht im besten Fall in eine Art geistiger Emigration, d.h., er gibt sich der romantisch-irrationalen Sphäre im Geist hin und kann doch in der Realität bestehen. In ihm vereinen sich beide Weltbereiche. Ähnlich versteht Dürrenmatt seinen »mutigen Menschen«: Jener hat wie der Dichter im Grotesken die Widersinnigkeit und die vom menschlichen Handeln unbeeinflussbare Natur der Welt erkannt. Aber er wird nicht

---

217 Dürrenmatt: Romulus, S. 112.
218 Friedrich Dürrenmatt: Werke (1980), Zürich 1980, Bd. 2, S. 120.

wahnsinnig wie Hoffmanns Nathanael[219], sondern hat die Größe und die Kraft, seine Ideologie von der Einsichtigkeit der Welt aufzugeben:

> »Der mutige Mensch hat aus seiner Illusionslosigkeit heraus soviel innere Distanz, dass der Widersinn der Geschichte ihn nicht mehr tangiert, er ist in der Lage, den Widerspruch zwischen Vernunft und Geschichte als komischen aufzufassen.«[220]

Mit dieser Feststellung Kosts schließt sich auch der Kreis zur Komödienkonzeption Dürrenmatts. Von der Komödie sagt Romulus ja: »Wer so aus dem letzten Loch pfeift wie wir alle, kann nur noch Komödien verstehen.«[221] So wird die Komödie zum Kristallisationspunkt der Widersprüchlichkeit der Welt und birgt gleichzeitig zumindest dann eine der Grundkonstanten des Grotesken, wenn sie im Sinne Dürrenmatts verstanden wird: die Ambivalenz von Komik und Tragik.

Wie ist Dürrenmatts Groteskennutzung nun in Bezug auf die Theorien von Wolfgang Kayser und Peter Fuß zu bewerten?

Wolfgang Kaysers Wort vom Grotesken als der Darstellung des Verdrängten und Dämonischen ist für die Betrachtung des Grotesken bei Dürrenmatt auszuschließen, spricht dieser doch selbst von zwei Arten des Grotesken: zum einen einer Romantik zuliebe, die Furcht oder absonderliche Gefühle auslösen wolle; zum anderen jene einer Distanz zuliebe. Dürrenmatt hat sich in seinem Werk mit der letzteren der beiden Varianten beschäftigt, Kaysers Diktum als Übersetzung der ersten Kategorie kann hier ausscheiden.

Peter Fuß' Auffassung des Grotesken als eines Mediums des kulturellen Wandels ist an dieser Stelle ähnlich wie schon bei Hoffmann zu

---

219 Vgl. Hoffmann: Der Sandmann.
220 Kost, S. 157.
221 Dürrenmatt: Romulus, S.25.

beurteilen. Seine Theorie trifft auch hier zu, da Dürrenmatt mit Hilfe des grotesken Einfalls der Geschichte und der zweimaligen Invertierung der Wert- und Normkategorien die Grenzen des »Gewohnten« überschreitet. Auch bei Dürrenmatt entsteht diese Grenze erst im Akt ihrer Übertretung; durch die Invertierung erreicht der Autor beim Leser einen Rückbezug auf die vermeintlich unverbrüchliche und sichere Normenrealität. Das Groteske ist bei Dürrenmatt wie bei Hoffmann und Fischart insofern ein Medium der Transformation, als es Denkprozesse beim Leser anstößt, die ohne es vielleicht nicht zur Diskussion ständen.

Ein Wandel der Kulturformation im Sinne Dürrenmatts würde erreicht, wenn das Groteske beim Leser die Erkenntnis der Unplanbarkeit der Welt und ein stillschweigendes Hinnehmen dieser Ambivalenz im Sinne des »mutigen Menschen« einspeisen könnte. Die Kulturformation hätte sich dann in der Art und Weise durch das Groteske gewandelt, dass der »mutige Mensch« beispielsweise den Ideologien als unzureichenden, weil den Zufall nicht berücksichtigenden Planungsmodellen die Unterstützung verweigerte. Mit der durch sie selbst geschaffenen Illusionslosigkeit und dem Widerspruch zwischen Vernunft und Geschichte zu leben, das wäre die Transformationsleistung des Grotesken bei Dürrenmatt im Sinne Peter Fuß'. Insofern ist seine Theorie hier sehr zutreffend.

Inwieweit diese Denkprozesse allerdings realiter zu einer Veränderung des Weltbilds des Lesers bzw. zu einem Wandel der Kulturformation beitragen, kann – wie schon bei Fischart und Hoffmann – nicht endgültig geklärt werden.

2.5 Fazit – Groteskes in der Literatur

Im ersten Teil dieser Studie haben wir uns mit dem Grotesken und seiner Ausformung in der Literaturgeschichte beschäftigt. Nachdem wir das Groteske in seiner Begriffsgeschichte untersuchten und genauer definierten, behandelten wir drei Textbeispiele von Johann Fischart, E.T.A. Hoffmann und Friedrich Dürrenmatt, um die Groteskenfunktion in ihrer jeweiligen Form deutlich zu machen. Hierbei richteten wir ein besonderes Augenmerk auf die beiden Groteskentheorien Wolfgang Kaysers und Peter Fuß'.

Klar geworden ist hierbei, dass das Groteske bei allen drei Autoren als Medium zur Darstellung einer Ambivalenz der Welt oder einer denkbaren Alternative zu ihr fungiert. Nutzte Fischart das Groteske in der »Geschichtklitterung« als ironisch-komisches Gestaltungsmittel einer karnevalesken Weltverkehrung, verwandte Hoffmann groteske Momente zur Darstellung seiner ambivalenten Weltsicht zwischen Realität und Phantastisch-Irrealem und drückte so seine Kritik an jedweder verabsolutierender Kunstströmung aus, so nutzte Dürrenmatt Ausdrucksformen des Grotesken, um die Welt und ihre Unplanbarkeit durch den Menschen selbst als ein groteskes, weil zutiefst widersprüchliches Phänomen erscheinen zu lassen. Allen drei Autoren ist gemein, dass das Groteske mit seinen Formen der Invertierung, des Chimärischen und des Monströsen ihnen in unterschiedlicher Gewichtung als Ausdrucksmittel von Ambivalenzen der Welt diente, welche von den Nomenklaturen der herkömmlichen, konservativen Weltsicht nicht erfasst werden können. Dadurch, dass das Groteske den Rezipienten verwirrt, vor den Kopf schlägt, ihn mit einer anderen, ebenfalls denkbaren Realität konfrontiert, wirkt es rückbezüglich auf die Weltsicht des Betrachters, der auf einmal womöglich Dinge in Frage stellt, die ihm zuvor als unverbrüchlich und unerschütterlich galten. In dieser Hinsicht ist Wolfgang Kaysers Formulierung vom Grotesken als »Darstellungsmittel von Dissoziationen verschiedenster Art – solchen der menschlichen Identität, der Weltordnung, der religiösen Heilserwartung«[222] – und man könnte in Bezug auf Dürrenmatt hinzufügen: der Dissoziation der menschlichen Handlungsfähigkeit - gerechtfertigt.

Das Dämonische, das Kayser als Hauptkriterium des Grotesken ansah, spielt bei den genannten drei Autoren eine untergeordnete und damit zu vernachlässigende Rolle. Vielmehr ist eine für das Groteske typische Ambivalenz von Komik und Verwirrung bei jedem der Schriftsteller von Bedeutung.

Peter Fuß' These vom Grotesken als einem Medium des Kulturwandels ist somit zuzustimmen. Allen drei Autoren ist gemein, dass sie mit Hilfe des Grotesken die Grenzen des als Normalität Anerkannten und Erlaubten überschreiten; alle drei Autoren zeigen durch das Groteske eine Ambivalenz der Welt, die im Rahmen der Norm nicht akzeptiert wird. Durch diese Grenzüberschreitung definieren sie im Sinne Peter Fuß' und Foucaults erst die Grenze des Erlaubten; mit dem Akt der Übertretung kann das Normale gleichsam in der Außensicht des Grotesken neu definiert und beurteilt werden.

Eine direkte kausale Verbindung von grotesker »Ursache« und kulturgeschichtlicher »Wirkung« nachzuweisen, ist indes nicht möglich, da ein Kulturwandel nicht statisch und so auch nicht klar abgrenzbar verläuft. Da unzählige andere Faktoren einen wie auch immer gearteten Kulturwandel mit beeinflussen, kann niemals mit letzter Sicherheit von einer direkten kulturgeschichtlichen Wirkung gesprochen werden, die lediglich durch ein Phänomen allein zustande gekommen wäre:

---

222 Vgl. diese Studie, S. 28.

>Die Geschichte als Bewegung des (Anders-)Werdens kulturel-
ler Formationen ist [...]ein bewegtes Geflecht sich überlagernder
und durchdringender partieller und totaler Umschwünge.«[223]

Gleichwohl ist in diesem Teil der Studie deutlich geworden, wie sich
einerseits verschiedene Geistesströmungen und –auffassungen mit
Hilfe des Grotesken voneinander abzugrenzen suchen (wie vor allem
bei Hoffmann belegt), wie andererseits aber auch jenseits aller Epochengrenzen in der Zeit der Postmoderne und der Ablehnung jeglicher Ideologien wie bei Dürrenmatt das Groteske als Ausdrucksmittel
einer individuellen Weltsicht genutzt wird.

Allein die Tatsache, so die Schlussfolgerung, dass wir uns mit der-
artig Groteskem beschäftigen, bedingt schon einen Wandel der Kulturformation. Vielleicht nicht nachweisbar im großen Rahmen, wohl
aber doch im individuellen Verständnis des jeweiligen Rezipienten.
Insofern ist wohl jede gute Literatur ein Medium des zumindest per-
sönlichen Normenwandels.

---

223 Fuß, S. 493.

3.   Groteske Werbung
3.1. Vorbemerkung

Haben wir uns im vorangegangenen Teil dieser Studie mit der Verwendung und Funktion des Grotesken in der Literaturgeschichte beschäftigt, so soll nun die Verbindung zur zeitgenössischen Werbung gezogen werden, um schlussendlich der Intention der Studie – dem Vergleich der Groteskennutzung und –intention in den beiden Medien Literatur und Werbung – gerecht zu werden. Zu diesem Zweck sollen als Beispiel sechs Motive aus der Werbung auf ihre Nutzung von Techniken des Grotesken hin analysiert werden. Die Studie beschränkt sich aus praktischen Gründen auf die Printwerbung. Zwar finden sich auch in TV-, Radio- und anderer Werbung groteske Motive, eine Behandlung dieser Teilbereiche kann an dieser Stelle jedoch nicht geleistet werden. Zu betonen ist darüber hinaus, dass besonders die Printwerbung mit ihrer Korrelierung von Bildinformation und begleitendem Werbetext einer literaturwissenschaftlichen und damit germanistischen Studie wie der vorliegenden gerecht wird: Die Rezeption des Werbebildes erreicht bei vielen Anzeigen erst unter der Prämisse des Textes eine Sinn- und damit Zielhaftigkeit beim Betrachter. Insofern ist eine Beschäftigung einer germanistischen Studie mit einem visuell-künstlerischen Medium an dieser Stelle legitim und angebracht.

Bevor die Werbebeispiele konkret analysiert werden können, erscheint eine theoretische Unterfütterung und Problematisierung angemessen: Was ist Werbung, welche Intentionen verfolgt sie? Und: Wie kann sich das Groteske in den schon zu Anfang dieser Studie genannten Gestaltungsformen in Werbeanzeigen manifestieren? Diese Fragen gilt es zunächst zu klären.

3.2. Das Groteske in der Werbung
3.2.1. Techniken und Verfahrensweisen der Werbung

Werbung ist alltäglicher Bestandteil des modernen Lebens. Fast ständig sieht sich der Mensch mit verlockenden Anpreisungen und unhaltbar scheinenden Glorifizierungen konfrontiert, die gleicher Maßen offen wie unterschwellig die Neuheit und Notwendigkeit des beworbenen Produkts suggerieren. Als so selbstverständlich und scheinbar durchschaubar gilt mittlerweile das Prinzip der Werbung, dass ihr Erfolg von den meisten Rezipienten, wenn nicht verneint, so zumindest bezweifelt wird. Man sieht sich in der erhabenen Position der Erkenntnis der wahren Intention der Werbung und damit weitgehend ungefährdet durch jegliche Suggerierung und künstlich generierte Konsumanreize. Gleichwohl zeigen Marktstudien immer wieder einen Zusammenhang zwischen einer Werbemaßnahme und dem steigenden Absatz des beworbenen Produkts. Mehr noch: Zahlreiche Beispiele aus der Werbegeschichte machen deutlich, wie stark Werbemaßnahme und Konsumanstieg tatsächlich miteinander in Verbindung stehen. So verzichtete die Arzneimittelfirma Elnain & Co. bereits in den 1870er Jahren aus Versuchszwecken für einen begrenzten Zeitraum auf jegliche Werbung und registrierte in der Folge einen Absatzeinbruch »auf etwa ein Zehntel des Normalwerts.«[224] Die Werbung ist also doch erfolgreicher als sich viele Rezipienten mitunter eingestehen wollen.

Doch wie erreicht eine Werbeanzeige dieses Ziel der erfolgreichen Beeinflussung der Kaufentscheidung eines Rezipienten? Bevor wir uns dieser Frage zuwenden und damit auch auf die Bedeutung des Grotesken in der Werbung zu sprechen kommen, ist zuerst eine Funktionsbeschreibung des Terminus »Werbung« vonnöten.

---

224 Dirk Reinhardt: Von der Reklame zum Marketing. Geschichte der Wirtschaftswerbung in Deutschland. Berlin 1993, S. 375.

Der Begriff »Werbung« stammt vom altdeutschen Wort »hwerban« ab, was soviel bedeutet wie »sich drehen«, »sich umtun«, »sich bemühen«.[225] Deutlich wird schon auf dieser etymologischen Ebene die Intention der Werbung, sich um die Gunst des potentiellen Käufers zu »bemühen« und so den Produktkauf zu sichern. Als gesellschaftliches Phänomen ist die Werbung etwa seit Beginn der Industrialisierung vor 140 Jahren von Bedeutung.[226] Doch was ist das konkrete Ziel der Werbung?

> »[Die Werbung] ist der einzige Teil massenmedialer Kommunikation, dessen Motivation und Ziel genau auszumachen ist und dessen Motivation und Ziel von einer interessierten Gruppe definiert wird, die genau zu benennen ist. Werbung will das beworbene Produkt verkaufen.«[227]

Da der Markt in unserer heutigen Konsumgesellschaft dicht gedrängt ist und von regem Wettbewerb bestimmt wird, muss sich eine Werbeanzeige in ihrer Wirkung beim Rezipienten von vielen mitkonkurrierenden Anzeigen unterscheiden: sie muss auffallen. Eine Werbeanzeige kann als gelungen gelten, wenn sie sich durch geschickte Strategien so weit von den Werbungen der Mitbewerber absetzt, dass sie im Gedächtnis des Rezipienten haften bleibt. Nur dann erinnert sich dieser beim Gang durch den Supermarkt des beworbenen Produktes:

> »Alle Bereiche massenmedialer Kommunikation leben davon, dass sie Gedächtnisse formatieren. Gedächtnisse haben nicht nur die Fähigkeit, zu erinnern, sondern auch zu vergessen. [...]

---

225 Volker Nickel: Mehrwert Werbung. Ökonomische und soziale Effekte von Marktkommunikation. Vielfalt, Wettbewerb, Arbeitsplätze. Bonn 1999, S. 4.
226 Ebd.
227 Julia Halbach: Religiöse Elemente in der Werbung. In: Evangelische Zentralstelle für Weltanschauungsfragen (Hg.): EZW-Texte 1999 (149). Berlin 1999, S. 18.

Die Konkurrenz geht um Gedächtnisplatz. Nur Werbung, die
erinnert wird, ist gute Werbung.«[228]

Julia Halbach formuliert hier ein Grundmuster der Werbebranche und
gleichzeitig eine Konstante des modernen Konsumverhaltens: Da der
heutige Mensch überschwemmt wird mit den vielfältigsten und unterschiedlichsten Informationen, die er nicht alle verarbeiten bzw. memorieren kann, entsteht auch beim Einkaufsverhalten eine Ununterscheidbarkeit. Nicht mehr nur unter zwei Duschgels muss der Konsument auswählen, sondern unter 30. Nur Werbung ist also erfolg-
reich, die sich abhebt, aus der Masse heraussticht und den Käufer zu
einem spezifischen Duschgel unter 30 greifen lässt. Volker Nickel betont darüber hinaus die Bedeutung der Werbung für die generelle Be-
kanntmachung eines Produktes: »Die meisten neuen Angebote haben
ohne Werbung keine Marktchance. Was nicht wahrgenommen wird,
kann nicht erlebt werden.«[229]

Nach Schätzungen erreichen den Konsumenten pro Tag etwa 500
Werbebotschaften – ob bewusst wahrgenommen oder nicht.[230]
Durch diese große Konkurrenz muss sich eine erfolgreiche Werbean-
zeige positiv wie negativ von der Norm und Konformität der anderen
Anzeigen abheben. Erinnert wird nicht die Norm, erinnert wird das
Extravagante, Irritierende – und somit erschließt sich bereits die Be-
deutung des Grotesken als Stilmittel auch der modernen Werbung:

> »Um aus der Konkurrenz von Wiederholungen herauszuste-
> chen, ist [...] noch ein Weiteres vonnöten: ein besonderer Witz,
> etwas Skandalöses, etwas besonders Ungewöhnliches.«[231]

228 Ebd.
229 Nickel: Mehrwert Werbung, S. 20.
230 Deutscher Sparkassen Verlag GmbH / Zentralverband der deutschen Wer-
    bewirtschaft e.V. (Hg.): Werbung. Strukturen, Ziele, Grenzen. Bonn 2001,
    S. 35.
231 Halbach, S. 19.

Von entscheidender Wichtigkeit für den Erfolg der Werbung ist der Blickfang, der »eye-catcher«[232], der durch seine Ungewöhnlichkeit im Gedächtnis des Betrachters haften bleibt. Groteske Elemente mit ihren Techniken der Invertierung, der Chimärenbildung und den Monstrositas-Formen leisten in der modernen Werbung genau dies: Sie bilden durch ihre Ungewöhnlichkeit, durch ihre ungewohnte Kombination von scheinbar Unvereinbarem eben jenen »eye-catcher«, ein gleichsam eingebranntes Bild auf der Gedächtnismatrix des Konsumenten.

So abgebrüht, durch nur noch Weniges schockierbar scheinen die heutigen Konsumenten zu sein, dass das Groteske in der ausgereizten Massenmedialität zusammen mit dem Genre der schockierenden Werbung die fast einzige Möglichkeit ist, sich noch vom Gewohnten abzuheben. Kroeber-Riel spricht im Zusammenhang von »überraschenden Reizen«, die ein »eye-catcher« stimulieren müsse, denn auch explizit von grotesken Motiven:

> »Überraschende Reize sind Bilder, die gegen Wahrnehmungs-
> erwartungen des Empfängers verstoßen. Sie stimulieren da-
> durch seine gedanklichen Aktivitäten. Es handelt sich um Bil-
> der, die mehr oder weniger von einem Schema abweichen: eine
> Frau mit einem Schweinekopf, ein Mann mit einem Vogelkopf,
> ein Klavierspieler im Bach [...].«[233]

Interessant und typisch ist, dass Kroeber-Riel sich hierbei auf fast die gleichen Motive wie ein Hieronymus Bosch, ein Goya oder auch ein Johann Fischart beruft.

Schon an dieser Stelle wird die Existenz des Grotesken in den Medien Literatur und Werbung, aber auch seine jeweils unterschiedliche

---

232 Vgl. diese Studie, S. 13.
233 Werner Kroeber-Riel: Bildkommunikation. Imagerystrategien für die Werbung. München 1993, S. 107.

Intention deutlich: Das Groteske ist in der Werbung nicht Ausdruck einer Zwiespältigkeit der Welt, es versinnbildlicht mitnichten die Dissoziation einer Welt-, Kultur- oder Persönlichkeitsordnung im Sinne Wolfgang Kaysers, sondern wird aus reinem Verkaufskalkül eingesetzt. Bemerkenswert ist in diesem Zusammenhang auch, dass das groteske Element in den allermeisten Fällen nicht im eigentlichen Werbetext, sondern im dazugehörigen Werbebild verwendet wird. Insofern kehrt die Groteskennutzung in der Werbung in der Art ihrer Verbildlichung zurück zu jener in der Malerei der Renaissance: Das Visuell-Groteske steht im Vordergrund, da der Blick des Betrachters binnen Sekundenbruchteilen gefesselt und zum genaueren Studium der Anzeige verführt werden muss. Im Gegensatz zur Literatur, die eine ungleich längere Rezeptionszeit in Anspruch nimmt und in der sich ein groteskes Moment auch über einen längeren Sinnabschnitt erschließen kann, muss für den Betrachter der Werbung das Groteske sofort deutlich erkennbar sein. Hat sich die Darstellungsform des Grotesken von eindeutig Bildhaftem in der Malerei der Renaissance im Verlauf der Kunst- und Literaturgeschichte auch auf sprachliche Kontexte erweitert, so ist die Wirkung des Grotesken in der heutigen Werbung hingegen wieder vergleichbar mit den Höllendarstellungen der Kirchen – wenn es auch eine grundlegend andere Funktion erfüllt. Allein von der Bedeutung des Visuellen bei der Kommunikation allerdings ist die heutige Zeit jener der Bildtafeln und Fresken vergleichsweise nah. Die Werbung wird so zu einer Art »Biblia Pauperum«, die nicht aufgrund eines Analphabetismus der Rezipienten, sondern vielmehr deren Rezeptionsfaulheit wegen ein schnelles und nachhaltiges Mittel der Kommunikation darstellt. Die Bedeutung des Lesens in der Mediengesellschaft hat in den letzten Jahrzehnten stark nachgelassen. Der Medienphilosoph Neil Postman sagt hierzu, die gegenwärtige Gesellschaft wandle sich von einer »wortbestimmten in eine bildbestimmte Kultur.«[234] Weiter heißt es: »Für die meisten Amerikaner wurde das Sehen, statt des Lesens, zur Grundlage ihrer Überzeugungen.«[235] Und Kroeber-Riel konstatiert:

> »Im Werbespot des Fernsehens wird nicht mehr sprachlich argumentiert, der Sachverhalt wird vielmehr bildlich und unterhaltsam in Szene gesetzt. Die Sprache übernimmt in zunehmendem Maße nur noch Hilfsfunktionen. Dieses Muster der Fernsehwerbung wird auch in die Printwerbung übertragen (durch dynamische, unterhaltsame und weitgehend sprachfreie Bilder).«[236]

An diesem Zitat Kroeber-Riels zeigt sich die immense Bedeutung des Bildes in der heutigen Werbung und damit gleichzeitig auch jene des Grotesken als mnemonischem Effekt. Hinzu kommt, dass »Bilder im Gedächtnis nach einer räumlichen Grammatik verarbeitet und besser gespeichert [werden] als sprachliche Informationen.«[237] Der Flächenanteil an Bildern in der Printwerbung lag im Jahr 1990 bei 60-80%[238] - ein weiteres Indiz für die enorme Bedeutung des Bildes in der zeitgenössischen Printwerbung.

Bei der Visualisierung des Werbetextes in die Werbeabbildung müssen zwei Arten unterschieden werden[239]:

---

234 Neil Postman: Wir amüsieren uns zu Tode. Frankfurt 1985, S. 18f.
235 Postman, S. 96.
236 Kroeber-Riel: Bildkommunikation, S. 5.
237 Kroeber-Riel: Bildkommunikation, S. 28.
238 Kroeber-Riel: Bildkommunikation, S. 10.
239 Vgl. hierzu: Kroeber-Riel, Bildkommunikation, S. 121ff.

a)　Der Sachverhalt wird direkt ins Bild umgesetzt. Dieses ist somit selbst bedeutungs- und damit werbetragend – »die dadurch im Empfänger ausgelöste Vorstellung umfasst die direkte (eigentliche) Bedeutung des Bildes.«[240] Obwohl der Sachverhalt selbst abgebildet werden kann, »erfordert die bildliche Inszenierung Kreativität, wenn sich das Bild in der Bilderflut durchsetzen soll, also auffallen und nicht austauschbar sein soll.«[241] Bei dieser Art der Werbeanzeige ist der zu vermittelnde Informations- und Werbegehalt der Anzeige in den meisten Fällen bereits in der Bildabbildung enthalten - der begleitende Werbetext ist zum Verständnis und für eine positive mnemonische Wirkung nicht zwingend notwendig. Für den Erfolg der Werbung ist die Memorierung des Bildes im Gedächtnis des Betrachters ausreichend.

b)　Der Sachverhalt wird nicht selbst abgebildet. Bilder eines anderen Sachverhaltes werden genutzt, um den Werbegehalt durch freie Bildassoziationen, Bildanalogien oder auch Bildmetaphern zu übermitteln. Die Werbeabbildung wird oft erst durch den begleitenden Werbetext stringent und die sehr weitgefächerte Interpretationsmöglichkeit auf die eigentliche Botschaft verengt. Die verkaufsfördernde Wirkung der Werbung wird durch die gleichzeitige Erinnerung von Bild- und Textinformation im Gehirn des Betrachters erreicht. Gleichzeitig können durch »Bilder mit freien Assoziationswirkungen Sachverhalte ausgedrückt werden, die sprachlich formuliert banal, verrückt oder unmöglich klingen.«[242] Diese Tatsache nutzen vor allem die emotionale bzw. die provokative

---

240 Kroeber-Riel, Bildkommunikation, S. 124.
241 Ebd.
242 Kroeber-Riel: Bildkommunikation, S. 128.

Werbung. Die Aktivierungswirkung dieser zweiten Werbungskategorie ist im Vergleich zur ersten ungleich höher. Diese Art der Werbeanzeige wird bevorzugt bei abstrakten Produkten und im direkten Bild nur unzureichend umsetzbaren Sachverhalten verwandt.

Auch Kroeber-Riel spricht davon, dass das Werbebild seine Intention Aufzufallen auf zweierlei Arten erreichen könne:

»[Es] kann diese Aufgabe durch seinen Inhalt (das Bildmotiv) oder durch seine aktivierende Gestaltung – durch die Art und Weise, wie das Bildmotiv dargeboten wird – erfüllen. Eine aktivierende Gestaltung lässt sich vor allem durch Kontrast und Farbe, durch Verfremdung und überraschende Bildkomposition erreichen.«[243]

Entweder entspricht also das Bild dem Sachverhalt des Beworbenen und übersetzt diesen ins Visuelle, oder aber es löst sich mehr oder weniger von ihm und erreicht durch dessen indirekte und phantasievolle Umsetzung eine Aktivierung des mnemonischen Effekts. Bei beiden Varianten kommt das Groteske zum Tragen, wie noch zu zeigen sein wird; in weitaus stärkerem Maße allerdings werden groteske Elemente mit dem Zweck der emotionalen wie geistigen Aktivierung losgelöst vom eigentlichen Sachverhalt des Beworbenen verwandt. Auf ein spezielles Problem eben jener Aktivierungsstrategie wird noch hinzuweisen sein: Ist das durch das Groteske gestaltete Werbebild zu unabhängig und losgelöst von der Werbebotschaft, so läuft die Anzeige Gefahr, wegen einer zu geringen Informationswirkung nicht oder nur unvollständig im Gehirn des Betrachters abgespeichert zu werden. Das Ziel der Werbung – nämlich die Memorierung des ungewöhnlichen, grotesken Bildmotivs in Verbindung mit dem beworbenen Pro-

---

243 Kroeber-Riel: Bildkommunikation, S. 12.

dukt – wäre in einem solchen Fall verfehlt worden. Diese ständige Gratwanderung der grotesken Werbung zwischen einer die Käufer faszinierenden Anziehung und entfremdender Abstoßung entspricht dem schon im ersten Teil dieser Studie benannten Wesen des Grotesken selbst, das in seiner Dualität ja immer sowohl anziehend bzw. faszinierend als auch abstoßend und erschreckend ist. Eine grundlegende Übereinstimmung des Grotesken in Literatur und Werbung wäre hiermit benannt. Bei der Betrachtung der Werbebeispiele wird dieses Phänomen noch gesondert behandelt werden.

Bevor wir allerdings zur praktischen Analyse aktueller Werbebeispiele kommen, erscheint eine Einordnung und Abgrenzung des Grotesken in der Werbung zu jenem in der Literatur sinnvoll. Wie ist die Werbung als soziokulturelles Phänomen zu sehen? Inwieweit sind die Groteskentheorien Wolfgang Kaysers und Peter Fuß', die wir bei der Behandlung des Grotesken in der Literatur ja schon angesprochen haben, auch für die heutige Werbelandschaft gültig? Diese Fragen gilt es im nächsten Abschnitt zu beantworten.

3.2.2. Groteske Werbung zwischen allgemeingesellschaftlichem Konsens und der Erweiterung des Erlaubten

Das Groteske dient, so haben wir im letzten Kapitel herausgearbeitet, in der Werbung vor allem als Generator eines »eye-catchers«, der im Gedächtnis des Betrachters haften bleibt. Es wurde hierbei deutlich, dass ein mnemonischer Effekt mithin nur dann entstehen kann, wenn die Werbung sich in ihrer Neuartigkeit von schon vertrauten Anzeigen abhebt. In welchem Zusammenhang steht diese Tatsache mit der uns schon aus dem ersten Teil dieser Studie bekannten Theorie, das Groteske könne auch die Funktion eines »Mediums des kulturellen

Wandels« übernehmen, wie Peter Fuß es formuliert hat? Und: Worauf stützt sich das »Normale« und »Vertraute« der herkömmlichen Werbeanzeigen, so dass die grotesken Werbungen diese Rezeptionsgewohnheiten aufbrechen könnten?

Beginnt man über diese Fragen nachzudenken, so ist die Tatsache von großer Wichtigkeit, dass die Werbung bei ihrer Gestaltung und Motivwahl einen Pool an gesellschaftlichem Wissen über das nutzt, was erlaubt ist und was nicht. So werden die Grenzen des Machbaren und des Erlaubten einerseits legislativ durch die geltenden Gesetze (das Werberecht) bestimmt, die beispielsweise garantieren, dass in der Werbung grundlegende Prinzipien wie die Menschenwürde, der Schutz der Persönlichkeit oder auch geltende Wettbewerbsordnungen nicht verletzt werden. Über diese rein legislativ bestimmte Grenze des Erlaubten hinaus sind für die Werbetreibenden zusätzlich vor allem die Begriffe Ethik und Moral von Bedeutung.[244]

Im Sinne dieser Begriffe sorgt neben den Gesetzen noch eine andere Kontrollinstanz für den Verbleib der Werbung im gesetzlich wie ethisch vertretbaren Rahmen: der »Deutsche Werberat«, der im nächsten Kapitel noch gesondert behandelt werden wird. Er dient als Beschwerde- und Maßregelungsorgan bei Verstößen der Werbung gegen geltendes Recht oder auch gegen das individuelle Geschmacksemp-

---

244 Die im Alltagsgebrauch allzu oft vermischten Begriffe Moral und Ethik sind in ihrer Bedeutung voneinander zu trennen. Unter Moral versteht man »die Gesamtheit der anerkannten moralischen Urteile und geforderten Verhaltensweisen, die für [einen bestimmten] Lebensbereich gültig sind«; die Ethik »versucht moralische Urteile oder Berufsnormen rational – und das heißt zugleich: unabhängig von partikulären Weltanschauungs- und Werturteilen – zu begründen und auf verallgemeinerbare moralische Prinzipien zurückzuführen.« (Rüdiger Funiok / Udo F. Schmälzle: Medienethik vor neuen Herausforderungen. In: Rüdiger Funiok u.a. (Hg.): Medienethik – die Frage der Verantwortung. Bonn 1999, S. 15-35, S. 19f.) Die Ethik kann also als überindividueller gesellschaftlicher Konsens der individuellen Moralvorstellungen des Einzelnen verstanden werden.

finden. Der Werberat könnte so verstanden werden als Hüter einer allgemeinen und richtungsweisenden Werbeethik - als ausführendes Organ eines »methodisch-kontrollierten Nachdenkens über die verschiedenen Vorstellungen vom Guten und Gesollten«[245], das objektiv über mutmaßliche Verstöße einer Werbeanzeige entscheidet. Die dem Werberat zugrundeliegende Ethik ist hierbei eine allgemeine und überindividuelle. In dem Wissen, dass es auch in der Werbung keine unverbrüchliche und aus sich selbst legitimierte Ethik gibt, vermittelt der Werberat ähnlich dem Bundesverfassungsgericht zwischen den verschiedenen individuellen Vorstellungen von Moralität. Jeder Bürger oder Vertreter eines gesellschaftlichen Bereichs kann beim Werberat mit einer Klage gegen eine spezifische Werbeanzeige vorstellig werden, wenn er seine eigene Moralvorstellung durch diese verletzt sieht.

Über diese beiden Kontrollinstanzen des gesetzlichen Rahmens und der Selbstkontrolle durch den Werberat hinaus hat sich die deutsche Werbewirtschaft auf besondere Verhaltensregeln für spezifische Gruppen geeinigt, so z.B. beim Markenverband, in der gewerblichen Wirtschaft, der Heilsmittel- oder auch der Tabakwerbeindustrie. Diese Regelungen betreffen beispielsweise das Verbot der Zigarettenwerbung in Jugendzeitschriften oder das Gebot der Klarheit und Wahrheit der Werbeanzeigen. Zwar sind diese Vorschriften rechtlich nicht bindend; gleichwohl »stellen [sie] eine Art Standesvorschrift dar, gegen die zu verstoßen schon allein deshalb ehrenrührig und auch geschäftsschädigend ist.«[246]

Deutlich wird, wie sehr die Werbewirtschaft in ihrer Entfaltungsmöglichkeit reglementiert wird und allgemein wie auch individuell gepräg-

---

245 Volker Nickel: Wie weit darf Werbung gehen? Recht und Tabu. Bonn 2002, S. 4.
246 Volker Nickel: Werbung in Grenzen. Report über Werbekontrolle in Deutschland. Bonn 1994, S. 70.

ten Normen verpflichtet ist. Gleichzeitig liegt in dieser Reglementierung das Grundproblem der Werbung: Einerseits muss sie sich im gesetzlich wie ethisch vertretbaren Rahmen bewegen und somit »normiert« werden, andererseits sieht sie sich vor die Notwendigkeit der Unterscheidung von konkurrierenden Anzeigen gestellt, um das beworbene Produkt beim Rezipienten zu memorieren. Eine Werbeanzeige bewegt sich also immer auf einem schmalen Grat zwischen gesellschaftlich verlangter Normalität und marktwirtschaftlich notwendiger Innovation, zwischen der Konformität des Gewohnten und dem mnemonischen Erfolg des noch nicht Dagewesenen und Fremdartigen, auch wenn jenes die ethischen Grenzen übertreten mag.

Das Groteske ist so in besonderem Maße von Bedeutung für moderne Werbeanzeigen. Da in der heutigen Medienlandschaft fast alle Irritationen bereits bekannt und die Möglichkeiten der Extrapolierung sehr eingeschränkt sind, dient es auch in der Werbung als Mittel des Verlassens der ethisch-gesellschaftlichen wie rezeptiven Norm. Ähnlich wie in den Kirchenfresken des Mittelalters, auf denen Teufelsgestalten das Unerlaubte und jenseits aller (christlichen) Norm Stehende visualisierten, ähnlich wie in der Sprachgroteske Johann Fischarts, der durch groteske Hyperbolik humoristisch eine karnevaleske Alternative zur Realität ausdrückt, verlässt auch die groteske Werbung das Feld der gewohnten Rezeptionsmuster – und in manchen Fällen auch jenes des ethisch Vertretbaren. Dies wird noch an den Werbebeispielen zu zeigen sein.

Von entscheidender Bedeutung ist in diesem Zusammenhang der weiter zu fassende Begriff der »provokativen Werbung«: Sie kann sozusagen als Steigerung einer bloß grotesken Kampagne verstanden werden. Spielen bloß groteske Werbeanzeigen mit der Wirklichkeit und setzen diese in einen neuen Bezug, oftmals ohne in der Bevölkerung moralischen Anstoß zu erregen, so setzt die provokative Werbung auf ein weiteres und emotionaleres Wirkungsspektrum:

> »Das Aktionsfeld der Provokation ist variantenreich. Provozieren heißt hervorrufen, herausfordern, aufreizen. Gefühlswallungen sollen zu bestimmten Äußerungen oder Handlungen verleiten.«[247]

Provokative Werbungen schockieren, verletzen Schamgrenzen, fordern den Rezipienten heraus. Es scheint in der heutigen Mediengesellschaft so zu sein, dass eine heftige, weil emotionale Bindung des Rezipienten zu einer Werbung fast nur noch durch Provokation geschehen kann. Während bei der bloß grotesken Werbung das »thaumazein«, das Erstaunen - und in einem zweiten Rezeptionsschritt das forschende Verstehen im aristotelischen Sinne - im Vordergrund steht, wird jenes in der provokativen Werbung zu einer planvollen Verletzung des individuellen Moral- und Schamgefühls. In dieser Hinsicht »wegweisend« waren hier schlechterdings die Kampagnen der italienischen Kleiderfirma Benetton, die ihre Werbeplakate mit den Bildern Aidskranker oder Behinderter versah.

Die bloß groteske Werbung hingegen verlässt nur in wenigen Fällen wirklich den Rahmen des gesetzlich oder ethisch Vertretbaren – hier sind vielmehr die provokativen Werbungen im Allgemeinen federführend. Am Beispiel Benettons hat sich gezeigt, zu welch einer erbitterten Diskussion über die Grenzen des ethisch Vertretbaren eine solch provokative – nicht nur groteske – Werbung führen kann.

Groteske Werbungen sind also keinesfalls auch per se provokativ; eine technomorphe Vermischung einer Kaffeekanne mit einem Mensch wird kaum jemanden zu einer Beschwerde beim Werberat veranlassen. Sie können jedoch dann zu provokativen Werbemaß-

---

247 Nickel: Wie weit darf Werbung gehen, S. 14.

nahmen werden, wenn sie bei mindestens einem Teil der Rezipienten Anstoß erregen und darüber hinaus geeignet sind, eine öffentliche Debatte über die Grenzen des Erlaubten anzustoßen. Erst wenn die groteske Werbung die Wirklichkeit und mit ihr das Erlaubte und Normierte so sehr verzerrt, dass eine Provokation beim Publikum eintritt, kann das Groteske gemäß Peter Fuß' Diktum auch als ein Medium des kulturellen Wandels fungieren.

In der Verletzung der Schamgrenzen durch die provokative und in manchen Fällen auch die groteske Werbung liegt ein genereller Zwiespalt verborgen: Ähnlich wie das Groteske selbst, spielt auch die Werbung mit einer Dualität zwischen Anziehung und Abstoßung, Faszination und Abschreckung. Wird die Abstoßung des grotesken Moments in der Werbung und damit die Provokation zu groß, dann kann es sein, dass sich der gewünschte mnemonische Effekt umkehrt. Der Konsument wird entweder irritiert, weil er die Provokation des Grotesken im Gedächtnis nicht mehr mit dem beworbenen Produkt verbindet; oder aber er fühlt sich von der Normüberschreitung so abgestoßen und persönlich verletzt, dass er das »thaumazein« negativ konnotiert und aus Abscheu oder Unwillen das Produkt nicht kauft:

> »Da Irritation stets mit innerer Erregung verbunden ist, verstärkt sie die Aktivierung des Empfängers und damit auch die gedankliche und emotionale Verarbeitung und Speicherung der Werbebotschaft [...]. Die mit der Irritation eintretende Abwehrhaltung vermindert aber die Akzeptanz- und Überzeugungswirkung der Bilder. [...] Diese nachteiligen Irritationswirkungen kommen allerdings nur zum Zuge, wenn die Irritation eine bestimmte Schwelle überschreitet.«[248]

---

248 Kroeber-Riel: Bildkommunikation, S. 120.

Ziel der Werbetreibenden muß es also sein, ein Gleichgewicht zwischen der (auch provokativen) Abstoßung durch die werbliche Umsetzung des Sachverhalts und einer werbefördernden Anziehung aufrecht zu erhalten, um eine Erinnerungsleistung im Gehirn des Betrachters auszulösen.

Kehren wir an dieser Stelle zurück zu Peter Fuß und seiner Theorie des Grotesken als einem Medium des kulturellen Wandels. Für die Literaturgeschichte haben wir festgestellt, dass das Groteske in der Tat insofern ein solches Medium ist, als es die bislang als festgefügt und unumstößlich begriffenen Normvorstellungen durch die Benennung des Unerlaubten diskutabel macht. Dasselbe gilt nun auch für die Werbung. Wenn eine Werbeanzeige beispielsweise mit Hilfe des Grotesken den Rahmen des gesetzlich, gesellschaftlich oder individuell-moralisch Gewohnten verlässt, verbildlicht sie das Ungewohnte und macht es somit erstmalig greif- und diskutierbar. Wiederum sei hier auf Michel Foucault verwiesen, dessen Diktum von der Grenze, die erst durch ihre Übertretung fassbar werde[249], auch für die Werbung gilt. Auch hier wird die Grenze zwischen dem Erlaubten und dem Unerlaubten erst im Rückbezug deutlich. Erst, wenn eine umstrittene Werbung auf den Markt kommt, das bislang nur schwammig umrissene Unerlaubte visuell benennt und in der Folge heftig diskutiert wird, konkretisiert sich die Norm in der Verletzung des individuellen und vielleicht auch gesellschaftlichen Geschmacksempfindens. In dieser Konkretisierung der Grenzregion zwischen Norm und Un-

---

249 Foucault schreibt: »Die Übertretung schiebt die Grenze bis an die Grenze ihres Seins. Sie bewirkt, dass sie angesichts ihres bevorstehenden Verschwindens aus dem Schlaf erwacht, sich in dem wiederfindet, was sie ausschließt (vielleicht eher noch sich erstmals darin erkennt), dass sie ihre positive Wahrheit fühlt, während sie sie verliert.« (Michel Foucault: Zum Begriff der Übertretung. In: ders.: Schriften zur Literatur. Frankfurt 1991, S. 69-89, hier S. 74.)

erlaubtem ist auch auf dem Feld der Werbung tatsächlich ein Kulturwandel denkbar: Befindet die gesellschaftliche Diskussion, die die Normen verletzende Werbung sei zwar provokant, jedoch nicht so verwerflich, dass sie verboten werden müsste, so hat sich die Grenze des Erlaubten bereits nach außen verschoben. Im Sinne Peter Fuß' wäre eine Ununterscheidbarkeit des Unerlaubten vom Erlaubten entstanden: »Das Groteske liquidiert den dichotomischen Aufbau symbolisch kultureller Ordnungsstrukturen und ersetzt ihre Antagonismen durch Ambiguität«[250].

Denkbar scheint außerdem, dass eine unerlaubte Werbung als Präzedenzfall für alle nachfolgenden dienen und die Grenzen des Erlaubten dauerhaft weitern kann: Indem der Verstoß gegen die Norm gerügt und die Werbung vielleicht sogar verboten wird, entsteht gleichzeitig auch eine Art Messlatte für einen derartigen Normenbruch, die noch ein Stück jenseits der bisherigen Grenze zum Erlaubten situiert ist. Wenn nachfolgende Werbungen nun einen sachlich ähnlichen Verstoß begehen, der ein wenig unspektakulärer scheint, zwischen der ehemaligen Grenze und der jetzigen Messlatte anzusiedeln ist und wegen der Schwere des vorangegangenen Präzedenzfalles nicht verboten wird, dann hat sich die Grenze zwischen Norm und Unerlaubtem an dieser Stelle verschoben und ist gedehnt worden.

Allerdings ist dieser direkte Kausalzusammenhang – zumindest an dieser Stelle - faktisch kaum nachweisbar, da für einen solchen Beweis die gesellschaftliche Ethik und die Werbewirtschaft über mehrere Jahre hinweg intensiv beobachtet werden müssten.

Festzuhalten bleibt, dass das Groteske in der Werbung jenem in der Literaturgeschichte zwar nicht in der Intention, wohl aber in der Wirkung eminent ähnlich ist. Dort, wo eine groteske Werbung über

---

250 Fuß, S. 14.

eine Normgrenze hinaus gelangt, sei es eine individuelle oder als allgemeine Ethik anerkannte; dort, wo sie sich vom individuellen wie allgemeinen Wertekanon abgrenzt und so zur Provokation wird, bricht
sie die Starrheit des Indiskutablen auf und generiert Unsicherheiten in
Bezug auf das Normengefüge. So »repräsentier[t], realisier[t] und tra-
dier[t] [sie] die Mechanismen der Kreativität«[251], die schlussendlich zur
Veränderung des Normenempfindens der Gesellschaft führen können. Für viele bloß groteske Werbungen gilt dies sicherlich nicht – ihre Wirkung bleibt auf die bloße Erinnerungswirkung durch das Ungewohnte der Rezeption beschränkt. Verletzt die groteske Werbung
jedoch jegliche Werte, dann dient sie auch der Transformation.

Im jetzt folgenden Abschnitt soll der Schnittpunkt zwischen der
Norm und dem Unerlaubten, nämlich die Grenze selbst und damit die
Kontrollinstanz »Deutscher Werberat«, näher beleuchtet werden,
kommt diesem doch im Sinne Foucaults die Scheidung des Erlaubten
vom Unerlaubten und damit erst die eigentliche Grenzziehung im Akt
des Übertretens zu.

3.2.3. Der Deutsche Werberat – Kontrollinstanz an der Grenze des Erlaubten

Im vergangenen Kapitel sprachen wir von den verschiedenen Kontrollinstanzen der Werbung. Auf eine dieser Instanzen, den »Deutschen Werberat«, soll an dieser Stelle nochmals kurz eingegangen
werden, da diese Institution besonders im Hinblick auf die vom Gro-

---

251 Fuß, S. 17.

tesken aufgezeigte Grenze zwischen der Norm des Erlaubten und dem Unerlaubten eine wichtige Rolle spielt.

Als selbstdisziplinäres Organ der Werbewirtschaft wurde der Deutsche Werberat im Jahre 1972 »auf die Empfehlung des Europarats an seine Mitgliedsstaaten, nationale Selbstkontrolleinrichtungen zu bilden«[252], gegründet. Er umfasst als Dachorganisation 40 Verbände aus den vier Gruppen der Werbetreibenden, der Werbedurchführenden, der Werbeagenturen und der Werbeberufe.[253]

Die Aufgaben des Gremiums sind in den Statuten festgelegt. Sein Ziel ist es,

- Werbung im Hinblick auf Inhalt, Aussage und Gestaltung weiterzuentwickeln und Missstände festzustellen und zu beseitigen,
- Leitlinien selbstdisziplinären Charakters zu entwickeln,
- Grauzonen im Vorfeld der gesetzlichen Grenzen zu ermitteln und Darstellungen, die anstößig oder unzuträglich sind, zum Schutze der Umworbenen abzustellen.[254]

Von Bedeutung ist hierbei vor allem der selbstdisziplinäre Charakter der Leitlinien, die durch die offene Diskussion der Werbungen ständig weiterentwickelt und so den gesellschaftlichen Anforderungen angepasst werden. So gelangt der Werberat über die individuellen Moralvorstellungen seiner Mitglieder wie der gesamten Gesellschaft zu einem überindividuellen, ethisch-normativen Konsens dessen, was in der Werbung erlaubt sei und was nicht:

---

252 Deutscher Werberat (Hg.): Jahrbuch 2002. Bonn 2002, S. 18.
253 Vgl. ebd., S. 21.
254 Ebd., S. 22.

»Selbstdisziplinäre Instrumentarien der Wirtschaft können staatliche Aufgaben entbehrlich machen und vor allem auch dort effektiv und effizient regulierend wirken, wo staatliche Normen und Behörden nicht mehr hinreichen. Das ist insbesondere bei Protesten aus der Bevölkerung gegen angebliche oder tatsächliche Diskriminierung von Frauen, jugendgefährdenden Bildern und Texten, religiösen Empfindungen oder anderen gesellschaftlich unerwünschten, aber rechtlich zulässigen Inhalten und Formen der Werbung der Fall.«[255]

Grundlage für die Entscheidung über die Zulässigkeit einer Werbeanzeige ist neben den geltenden Gesetzen, den werberechtlichen Vorschriften und den im letzten Kapitel schon genannten Sondervereinbarungen etwa in Bezug auf die Zigaretten- oder Alkoholindustrie

»die aktuell herrschende Auffassung über Sitte, Anstand und Moral in der Gesellschaft. Dazu zählen nicht nur die Verhaltensweisen der Bürger im öffentlichen Leben, sondern auch die dargestellte Wirklichkeit in den redaktionellen Teilen der Medien.«[256]

Diese hier definierte Grundlage bei der Wertung einer Werbeanzeige ist für unser Thema der grotesken Werbung von entscheidender Bedeutung, umreißt sie doch jenen Raum der Grenze im Sinne Peter Fuß' und Foucaults, der für das Groteske so charakteristisch ist. Indem eine Werbung aus einem individuell empfundenen, verletzten Moralgefühl beim Deutschen Werberat angeklagt wird, wird erstmals – an dieser Stelle allerdings noch individuell - die Grenze zwischen dem Erlaubten und Unerlaubten definiert; sie ist durch die Übertretung faktisch geworden.[257] Der Werberat selbst fungiert nun als mög-

255 Ebd., S. 18.
256 Homepage des Deutschen Werberats (2002):
http://www.interverband.com:8080/u-img/69392/, 12.09.2002.
257 Vgl. Michel Foucault: Übertretung, S. 73ff.

lichst objektiver Hüter über die Grenze zwischen beiden Bereichen: Er entscheidet, ob aus der individuellen Moral des Verletzten eine für die gesamte Werbewirtschaft - und damit auch für die sie tragende Gesellschaft - allgemein gültige Leitlinie und so eine überindividuell empfundene Ethik wird.

Am Beispiel der Institution »Deutscher Werberat« kann exemplarisch verfolgt werden, wie der Transformationsprozess einer Kulturformation, von dem Peter Fuß spricht, realiter ablaufen kann. So erreichten den Rat seit seiner Gründung 9070 Proteste gegen 5134 Werbemaßnahmen – davon wurden 1976 beanstandet. Man kann also davon sprechen, dass der Prozess einer kollektiven Bewusstwerdung und Trennung des Erlaubten vom Unerlaubten durch Werbeanzeigen[258] gefördert worden sei:

> »In 97 Prozent der Fälle zogen die Firmen ihre Werbung freiwillig zurück oder änderten sie ab (1918 Kampagnen). In nur 3 Prozent (58 Werbesujets) musste der Werberat zum Instrument der öffentlichen Rüge greifen – also den Vorgang den Redaktionen der Massenmedien vermitteln und die Medienbetreiber auffordern, die Werbemaßnahme nicht mehr zu schalten. In der Regel hatte dies zur Folge, dass die Werbung letztlich aus dem Markt genommen wurde.«[259]

Als Beleg für die gesellschaftliche Bedeutung des Werberats - und damit indirekt auch für die hohe Einflusskraft der (grotesken) Werbung - mag außerdem der deutliche Wandel in der Nutzung dieses Kontrollinstruments durch die Bürger dienen:

---

258 Natürlich sind hierunter nicht nur Werbeanzeigen mit grotesken Motiven und Inhalten, sondern auch das weite Feld der rein provokativen Kampagnen wie beispielsweise jene der Firma Benetton, sexuell anstößige Anzeigen oder alle das Scham- oder Moralgefühl eines Einzelnen verletzende Werbungen zu rechnen.
259 Deutscher Werberat: Jahrbuch 2002, S. 20.

>»Beim Start des Werberates ging es noch um vermutete Täu-
schung oder um Irreführung des Konsumenten; unterdessen ist
die Adresse des Gremiums zu einer Art gesellschaftspolitischer
Kummerkasten der Nation geworden. Im Mittelpunkt stehen
zum Beispiel die Gleichberechtigung der Frauen (Diskriminierung), die Säkularisierung der Gesellschaft (Verletzung religiöser
Empfindungen) oder die Ausdehnung der Jugendzeit in die
Kindheit (Missachtung des Kinderschutzes).«[260]

Erkennbar wird an dieser Stelle in der Tat, wie sehr die Werbung als
Kulminationspunkt für eine gesamtgesellschaftliche Diskussion über
das fungiert, was ethisch-moralisch vertretbar scheint und was nicht.
Insofern kann die Arbeit des Deutschen Werberates als Kanalisie-
rungsort der »Mechanismen der Kreativität«[261] der Gesellschaft angesehen werden, die ihre eigenen Normen und Werte auf diese Weise
ständig wieder aufs Neue auf ihre Gültigkeit hin überprüft und gege-
benenfalls variiert.

Im nächsten Abschnitt will ich nun anhand von sechs Werbebeispielen einerseits die Verwendung von Techniken des Grotesken und dessen Wirkungsweise aufzeigen, andererseits die in den vorangegangenen Abschnitten zusammengetragenen Thesen auf ihre Gültigkeit hin
überprüfen. Hierbei werden sowohl Beispiele aufgeführt, die im Sinne
des vorletzten Kapitels und dessen Abgrenzung der grotesken Werbungen von den provokativen eine bloß mnemonische Wirkung haben als auch die Kampagne des Elektronikkonzerns »Media-Markt«,
die zeigt, wie eine groteske Werbung zu einer provokativen wird, indem sie die Schamgrenzen verletzt.

---

260 Zentralverband der deutschen Werbewirtschaft (Hg.): Spruchpraxis Deutscher Werberat. Bonn 1997, S. 5.
261 Vgl. Fuß, S. 17.

3.3 Zeitgenössische Werbebeispiele

Nachdem die Bedeutung des Grotesken in der zeitgenössischen Werbungen im vorangegangenen Abschnitt theoretisch behandelt wurde,
folgt nun die exemplarische Analyse von sechs Werbeanzeigen mit
grotesken Inhalten und Motiven, um so die aufgestellten Thesen untermauern zu können. Hierbei erscheint eine Zweiteilung sinnvoll, die
sich aus der unter Punkt 3.2.1 dieser Studie schon erwähnten Differenzierung ergibt. Zuerst werden jene Werbungen behandelt, bei denen das Bildmotiv den Sachverhalt des Beworbenen direkt umsetzt
und so auch ohne den begleitenden Werbetext bedeutungstragend
ist.

In einem zweiten Abschnitt wird es um Werbebeispiele gehen, welche den beworbenen Sachverhalt im Bildmotiv indirekt umsetzen,
d.h., dem Betrachter durch Bildanalogien, Bildassoziationen und
Bildmetaphern eine gedankliche Eigenleistung abverlangen, die diesen
zum eigentlich beworbenen Sachverhalt hinführen soll. Wie schon angesprochen, ist die Nutzung und Wirkung des Grotesken bei Werbungen der zweiten Kategorie am deutlichsten zu beobachten, da die
geistige wie emotionale Aktivierung beim Betrachter höher ist als bei
solchen Anzeigen, die den Sachverhalt lediglich – wenn auch grotesk
verzerrt - visualisieren.

3.3.1. Werbungen mit direkter Bildumsetzung

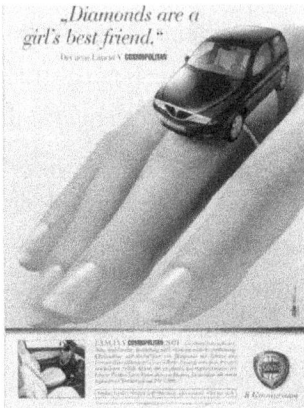

3.3.1.1. »Lancia«[262]

Diese Werbeanzeige des italienischen Automobilherstellers Lancia zeigt, wie eine direkte Umsetzung des beworbenen Sachverhaltes ins Bild geleistet werden kann. Zu sehen ist eine überdimensionierte menschliche Hand mit einem Ring am mittleren Finger, auf welchen das grotesk verkleinerte Lancia-Y-Automobil gleichsam als Schmuckstein aufgesetzt ist. Die Werbung übersetzt damit mit der (wenn auch miniaturisierten) Abbildung des Lancia Y den beworbenen Sachverhalt direkt ins Bild - der Werbeslogan »Lancia Y Cosmopolitan 2001 – ein echtes Schmuckstück« wird wörtlich visualisiert. Das Auto als »Schmuckstück« im Leben des Konsumenten ist in der Abbildung auch im konkreten Sinn zum Schmuckstück am Ring geworden. So wird implizit die große Faszination des beworbenen Automobils ausgedrückt: Der »Lancia Y Cosmopolitan 2001« werde dem Konsumenten so sehr gefallen, so die Botschaft, dass er für ihn in einem Maße wertvoll und zierend werde wie ein kostbarer Diamantring, den man ständig an der Hand tragen will.

Da die Marke Lancia wenn nicht als Luxushersteller, so doch als Automobilfirma für einen gehobenen Geschmack gilt, ist es das Ziel dieser Anzeige, das Exquisite und Exklusive der Lancia-Automobile herauszuheben. Hiervon zeugen auch die Adjektive des Werbetextes wie »hochkarätig«, »stilvoll«, »besonders«, »elegant«, »exklusiv« und

---

262 Zur besseren Lesbarkeit sind die Werbebeispiele im Text verkleinert abgebildet. Im Anhang finden sich alle Anzeigen nochmals in Originalgröße. Vgl. diese Anzeige im Anhang, Abb. 1., S. 160.

»lupenrein«. Sie alle gehören zum Begriffsfeld des Edlen und nicht Gewöhnlichen. Darüber hinaus sind Wörter wie »hochkarätig« und »lupenrein« aus dem Bereich der Edelsteinfabrikation entlehnt. Auch im Text wird so das Bild vom Auto als einem Schmuckstück im Leben des Konsumenten verstärkt – die Anzeige spricht von dem Lancia explizit als einem »lupenreinen Diamanten«. Dies entspricht auch Kroeber-Riels These, direkte Abbildungen bezögen sich in der Werbung »vorwiegend auf Produkteigenschaften.«[263]

Das Liedzitat »Diamonds are a girl's best friend«, das durch Marilyn Monroe weltberühmt wurde, betont die auf Exklusivität ausgerichtete Intention der Anzeige. Zu vermuten ist, dass ein Kleinwagen wie der Lancia Y vor allem bei der weiblichen Kundschaft Käufer finden wird – das Zitat rekurriert auf diese Tatsache und setzt sie in Bezug zur mondänen, leicht verruchten Figur Marilyn Monroes. Wer den Lancia kauft, so könnte man die Aussage überspitzt formulieren, der wird aufgenommen in die Welt der Schönen und Reichen.

Darüber hinaus verweist der Name des Autos – Lancia »Cosmopolitan« – auf die angesprochene Kundschaft: »Cosmopolitan« kann übersetzt werden mit »großstädtisch«, »weltgewandt« oder »kosmopolitisch« – wer also einen Lancia »Cosmopolitan« erwirbt, der erwirbt damit auch die Eigenschaft des trendbewussten Jetsetters, der in Großstädten am Puls der Zeit lebt und auf der ganzen Welt zu Hause ist.

Die groteske Verkleinerung des Autos als Ausprägung einer Monstrositas-Form dient in dieser Anzeige als »eye-catcher«, der durch die ungewohnte Relationsverschiebung zwischen der Hand und dem Automobil den Blick des Rezipienten fesselt, eine Irritation erzeugt und so im Gedächtnis haften bleibt. Das Groteske hat hier nicht die Bedeu-

---

263 Kroeber-Riel: Bildkommunikation, S. 124.

tung eines kulturtransformatorischen Mediums, dürfte doch kaum ein Verbraucher an dieser Werbung moralischen Anstoß nehmen. Eine öffentliche Debatte über die Grenzen des Erlaubten sollte somit wohl ausgeschlossen werden können.

Deutlich wird an der »Lancia«-Werbung, dass die Werbeabbildung durch die direkte Umsetzung des Sachverhaltes auch ohne den begleitenden Text verständlich wäre - der mnemonische Effekt der Anzeige basiert also auf der eye-catcher-Wirkung der grotesken Verkleinerung, die die Aussage vom beworbenen Automobil als einem Schmuckstück im Leben des Konsumenten alleinig zu übermitteln in der Lage ist. Der begleitende Text hat lediglich die Intention, »das Bildverständnis [zu] erleichtern«[264].

3.3.1.2. Cologne - Parfüm[265]

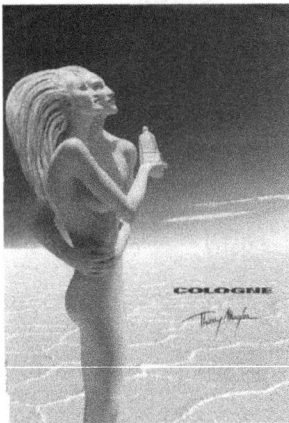

Auch diese Werbung für ein Parfüm namens »Cologne« gehört zu den Anzeigen mit einer direkten Bildumsetzung. Zu sehen ist ein nacktes menschliches Mischwesen mit nur einem Unterleib und den verschmolzenen Oberkörpern eines Mannes und einer Frau. Das Wesen hat einen weiblichen und einen männlichen Kopf und drei Arme, beide Köpfe schauen bedächtig und fast betend nach oben in den Himmel. In der einen Hand hält das Wesen einen Flakon der Marke Cologne. Beide Köpfe muten durch das vorgezogene Kinn und die unnatürliche Frisur etwas fremdartig und beinahe außerir-

---

264 Kroeber-Riel: Bildkommunikation, S. 125.
265 Vgl. Anhang, Abb. 2, S. 161.

disch an. Die Anzeige ist deshalb ein Beispiel für eine direkte Bildumsetzung der Werbebotschaft, da das beworbene Parfüm ein Unisex-
Produkt und damit für beide Geschlechter geeignet ist. Diesen Sachverhalt setzt die Verschmelzung von Mann und Frau zu einem
Mischwesen bildlich um. Außerdem wird das »Cologne«-Parfüm
durch die außerirdische Gestalt des Wesens, die unwirklich-unirdische
Umgebung und die Tatsache, dass das Wesen nahezu betend in den
Himmel blickt und den Parfümflakon wie eine Hostie einer unsichtba-
ren, höheren Instanz präsentiert, in die Nähe einer Opfergabe gerückt.
Es wird der Eindruck vermittelt, »Cologne« müsse überirdisch gut
bzw. so perfekt sein, dass selbst Außerirdische es ihrem Herrn und
Gott als Darreichung anbieten würden. Das Produkt ist als Flakonab-
bildung real im Bild enthalten – man kann auch in dieser rein visuellen
Hinsicht von einer direkten Umsetzung des beworbenen Sachverhalts
in die Werbeabbildung sprechen.

Anhand dieser Anzeige lässt sich in seltener Klarheit die Verwendung
von Techniken des Grotesken in der heutigen Werbung nachweisen.
In einer anthropomorphen Chimärenbildung sind ein männliches und
ein weibliches Wesen zu einer neuen, fiktiven Phantasiegestalt geworden. Es zeigen sich darüber hinaus die im Kapitel 2.2 bereits angesprochenen Merkmale der grotesken Monstrositas-Formen, da dem
neu entstandenen Wesen offenkundig ein Arm fehlt. Diese Anzeige
kombiniert somit verschiedene Gestaltungsformen des Grotesken und
spielt mit den monströsen Techniken »Hyperbolik« und »Defizit« sowie mit chimärischen Formen. Außerdem wird an diesem Werbebei-
spiel auch das uns schon bekannte Groteskenprinzip der Dualität von
Anziehung und Abstoßung erkennbar. Auf der einen Seite wirken die
Nacktheit (kaum verhüllte weibliche Brust) und Wohlgestalt des anthropomorphen Wesens auf den Betrachter wenn schon nicht sexuell,
so doch zumindest emotional anziehend. Auf der anderen Seite stößt

die uns fremde, ungewohnte Rekombinierung von miteinander Unvereinbarem (hier die beiden Geschlechter) den Rezipienten ab – ebenjene Ambivalenz zwischen Faszination und Widerwillen tritt zutage, die für das Groteske charakteristisch ist.

Auch für diese Anzeige gilt, dass das Groteske vor allem die Funktion des »eye-catchers« zur Verstärkung der Aufmerksamkeits- und Erinnerungswirkung hat. Es ist nicht anzunehmen, dass jemand an der Werbung moralischen Anstoß nehmen und so eine gesellschaftliche Debatte über die Grenze des Erlaubten anstoßen könnte. Auszuschließen ist dies indes nicht, da in diesem Beispiel – im Gegensatz zur vorigen Werbung – durchaus Themenfelder berührt werden, die erfahrungsgemäß die Moralvorstellungen Einzelner tangieren könnten, so beispielsweise das Thema der Religion oder auch die Frage der Nacktheit in den Medien.

3.3.1.3. Smirnoff[266]

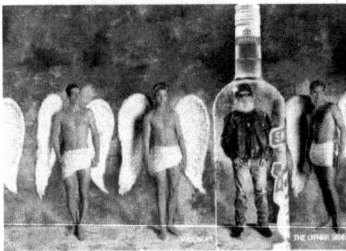

Auch diese Anzeige des Spirituosenherstellers Smirnoff gehört in die Kategorie der Werbungen mit direkter Bildumsetzung. Zu sehen sind drei männliche Engel, die eine grotesk vergrößerte Flasche des »Smirnoff«-Wodkas einrahmen. In diese Flasche eingeschlossen ist ein älterer Mann, der als Rocker bezeichnet werden muss und somit in der kategorisierenden Wahrnehmung der Gesellschaft von »gut« und »böse«

---

266 Vgl. Anhang, Abb. 3, S.162.

das genaue Gegenteil der drei Engel darstellt. Der begleitende Werbeslogan lautet schlicht und einfach: »Smirnoff – The other side.«.

Diese Werbung nutzt in Bezug auf das Groteske eindeutig eine Form der monströsen Vergrößerung bzw. Verkleinerung, da es die Relationen zwischen der Flasche und dem in ihr eingeschlossenen Menschen grotesk verzerrt – auch hier wird mit Hyperbolik und Defizit gespielt. So erinnert diese Abbildung an das uns schon in Hoffmanns »Goldnem Topf« aufgefallene Bild des Anselmus, der, in eine Flasche eingeschlossen, im Regal des Archivarius steht und dessen Kampf gegen die Hexe hilflos mit ansehen muss.

Die hier gezeigte Anzeige kann als Beispiel für eine Werbung mit direkter Bildumsetzung gelten, da der beworbene Sachverhalt – die Tatsache, dass der Genuss des »Smirnoff«-Wodkas aus einem Engel einen »richtigen Kerl« macht – fast wörtlich ins Visuelle übersetzt wird. Selbst im bravsten Menschen erscheine, so die Botschaft, durch den beworbenen Wodka dessen »dunkle« und raue Seite, die in ihm angelegt sei und nur zutage gefördert werden müsse. Gleichzeitig wird implizit suggeriert, nur derjenige sei männlich-hart, der diesen »Verwandlungsprozess« durch das Getränk geschehen lasse. Der Betrachter wird in diesen Verwandlungsprozess aktiv mit einbezogen: Er blickt durch die Wodkaflasche wie durch einen Zauberspiegel oder eine Lupe - was durch den visuellen Effekt des Verwaschenen noch verstärkt wird - und erkennt so die »andere Seite« der abgebildeten Engelsgestalten. Wie ein Geist in der Flasche wartet der Widerpart des Himmlisch-Guten auf seine Befreiung durch das Öffnen des Getränks. So generiert die groteske Dimensionsverschiebung in dieser Werbung eine zweite Realität, eine Alternative zum himmlisch-braven Ordo der Engel – eine Irritation ist entstanden, die noch dadurch verstärkt wird, dass der Boden der grotesk vergrößerten Flasche nicht zu sehen ist. Somit bleibt unklar, ob die Rockergestalt in der Flasche eingeschlossen ist oder lediglich hinter ihr steht und durch sie wie durch eine Lupe beobachtet wird.

Deutlich wird, wie die Werbeabbildung auch in diesem Fall für sich allein stehen könnte und auch ohne den begleitenden Text verstanden würde – eine Tatsache, die wir als für die Anzeigen mit direkter Bildumsetzung charakteristisch bestimmt haben. Wiederum bewahrheitet sich an dieser Stelle Kroeber-Riels Aussage, die direkte Bildumsetzung beziehe sich hauptsächlich auf Produkteigenschaften.[267]

Das Groteske hat in dieser Anzeige lediglich als »eye-catcher« gedient, der die Aufmerksamkeit des Betrachters durch die Verschiebung der Größenverhältnisse und die damit einhergehende Irritation erhöhen soll. Auch hier hat das groteske Moment wohl keine kulturtransformatorischen Auswirkungen, da die »aktuell herrschende Auffassung von Sitte, Anstand und Moral in der Gesellschaft«[268] von dieser Art der Monstrositas-Form nicht berührt werden dürfte.

3.3.2.   Werbungen mit indirekter Bildumsetzung

3.3.2.1 Microsoft »x-box«[269]

Im Gegensatz zu den vorherigen Werbungen mit direkter Bildumsetzung arbeitet diese Anzeige des Computerkonzerns Microsoft für seine neue Videospielkonsole »x-box« mit einer indirekten Technik. Zu sehen ist ein Rochen an einem Strand, auf dessen Rücken in einer technomorphen Vermischung die Haltegriffe eines Surfbretts ange-

---

267 Vgl. hierzu diese Studie, S. 129.
268 Vgl. hierzu diese Studie, S. 125.
269 Vgl. Anhang, Abb.4, S. 163.

bracht sind. Das Tier wird durch diese Form der grotesken Chimärenbildung selbst zu einem Surfbrett. Die Anzeige suggeriert, man könne, auf dem Rücken des Rochens stehend, diesen als Sportgerät nutzen und mit ihm durch die Wellen surfen. Deutlich wird hier die Bedeutung der Vermischung und damit der Rekombinierung von bislang Unvereinbarem als einer der Grundkonstanten des Grotesken: Indem Elemente des Surfbretts (hier die Haltegriffe) mit einem Rochen verbunden werden, entsteht ein neues, fiktives Wesen, dem vom Betrachter sogleich eine vollkommen andere »Nutzungsfunktion« zugewiesen wird. Verbindet sich der bloße Anblick eines Rochens mitnichten mit einer Spiel- oder gar Sportgerätfunktion, so wird diese durch die Vermischung generiert. Verstärkt wird dieser Eindruck noch durch die Morphologie des Schwanzes des Rochens mit einer Computermaus. Das Groteske hat also eine fiktive Realität geschaffen, deren Wirkungs- und Handlungsspektrum gegenüber der »realen« Realität um ein Vielfaches erweitert wurde.

Diese Bildumsetzung ist deshalb indirekt, weil die zu bewerbende Botschaft – die Tatsache, dass mit der neuen Spielekonsole eine neue, erweiterte Art des Videospiels möglich sei – über eine freie Bildassoziation vermittelt wird, die mit dem eigentlichen Produkt auf den ersten Blick nichts zu tun hat. Der Betrachter soll sich über die groteske Vermischung von Rochen und Haltegriffen zuerst einer allgemeinen Aussage von noch unbestimmten, aber erweiterten Möglichkeiten bewusst werden. In Verbindung mit dem Slogan »X-Box - Play more« wird diese schwammige und allgemeine Assoziation im Gehirn des

Betrachters dann auf die erweiterten Spielmöglichkeiten mit der neuen Konsole hin konkretisiert.

Der Fantasie, so die Botschaft, seien durch die neue Konsole keinerlei Grenzen mehr gesetzt. Was vorher niemals zum Spielen geeignet schien, wird mit der »x-box« zum Spielgerät. Von Bedeutung ist, dass in dieser wie in den meisten Anzeigen mit indirekter Bildumsetzung die Werbebotschaft nicht allein durch das Bild übermittelt werden kann. Sähe der Betrachter nur den grotesk entstellten Rochen am Strand, so würde er diesen niemals mit einer Spielekonsole in Verbindung bringen. Erst durch die gedankliche Korrelation von Bildassoziation und Werbetext entsteht bei Anzeigen mit indirekter Bildumsetzung die eigentliche Werbewirkung.

Das Groteske wirkt in dieser Werbung vorrangig als eye-catcher, da es eine Irritation beim Betrachter erzeugt; andererseits ermöglicht es durch die freie Bildassoziation die visuelle Umsetzung eines in einer Printwerbung sonst nur schwer zu bewerbenden Produkts. Da die Vorteile einer neuen Spielekonsole nur schwerlich in statischen Bildern vermittelbar sind, ist die groteske Vermischung mit ihrer zur Komik reizenden Fremdheit wohl mit die einzige Möglichkeit der Visualisierung. Es bewahrheitet sich die unter Punkt 3.2.1 angesprochene These, die indirekte Bildumsetzung werde vor allem bei Abstrakta und Produkten verwendet, denen man mit der direkten Werbetechnik nicht gerecht werden würde.

Darüber hinaus ist an diesem Beispiel wiederum die schon vielfach beschriebene Ambivalenz des Grotesken sichtbar: Mag der Anblick eines Rochens mit aufgesetzten Haltegriffen auf der einen Seite befremden, schockieren oder gar abstoßen, so wirkt die ungewohnte Kombination von technischem Instrument und Tier doch auch komisch und belustigend. Die Dualität zwischen Anziehung und Abstoßung, die wir als für das Groteske charakteristisch definiert haben, ist somit auch in der vorliegenden Werbung erkennbar.

Wiederum bewegt sich die groteske Verzerrung der Realität in dieser Anzeige im ethisch wohl von fast jedem vertretbaren Rahmen, so dass auch hier die Wirkung des grotesken Moments über den mnemonischen Effekt hinaus nicht weiter nachweisbar sein dürfte.

3.3.2.2 Süddeutsche.de – Jobcenter[270]

Auch diese Werbung der Internetausgabe der »Süddeutschen Zeitung« für eine neue, im Internet zu bedienende Jobvermittlung übersetzt den beworbenen Sachverhalt indirekt im Bild. Zu sehen ist eine junge Frau, deren Haare technomorph in einen hoch aufragenden Aktenschrank übergehen. Der begleitende Werbeslogan »herausragend: das neue Jobcenter« suggeriert, dass das neue Angebot der Zeitung das Beste seiner Art und allen vergleichbaren Angeboten haushoch überlegen sei.

Das Wort »herausragend« wird hierbei durch den sich hoch auf dem Kopf auftürmenden Aktenschrank zwar direkt im Bild umgesetzt, so dass man versucht ist, von einer Anzeige mit direkter Bildumsetzung zu sprechen. Doch zeigt sich bei der weiteren Betrachtung, dass der beworbene Sachverhalt – nämlich das abstrakte und visuell schlecht zu vermittelnde Jobcenter mit seinen Möglichkeiten der Ar-

---

270 Vgl. Anhang, Abb. 5, S.164.

beitsvermittlung – eben nicht selbst dargestellt, sondern mit Hilfe einer Bildanalogie beworben wird. Bei einer direkten Bildumsetzung hätte man eventuell mit einem Screenshot der Internetseite werben können; diese indirekte Anzeige allerdings nutzt die Analogie des »Herausragens« vor allen anderen, des »sich Abhebens« von den Mitbewerbern und setzt sie mit einer technomorphen Fusion von Mensch und hoch aufragendem Aktenschrank um. So steht ein Sachverhalt für das Jobcenter – nämlich ein Mischwesen aus Schrank und Mensch, der mit diesem auf den ersten Blick nichts gemein hat. Zwar gibt der aus den Haaren gebildete Aktenschrank einen Hinweis darauf, dass das beworbene Produkt sehr wahrscheinlich aus dem Büroalltag und damit dem Bedeutungsfeld des Berufslebens stammt. Doch wäre ein Verständnis der Anzeige ohne den begleitenden Werbetext nicht denkbar, was für uns ja ein Hauptkriterium für eine Werbung mit indirekter Bildumsetzung war. Erst der Werbetext macht aus dem indefiniten »Herausragen« eine Werbebotschaft; erst er erklärt, was das Jobcenter mit Jobofferten, Karrieretipps und Firmenkontakten anbietet.

So geht es der Anzeige darum, beim Betrachter einen Analogieschluss zwischen dem Herausragenden der aufgetürmten Frisur und dem Herausragenden des Jobcenters zu bilden – die Nahtstellen zwischen beiden Komplexen werden für den Rezipienten durch die Einengung des Interpretationsspielraums mit Hilfe des Werbetextes gebildet. Werner Kroeber-Riel weist in diesem Zusammenhang darauf hin, dass Bildanalogien in der Werbung »weit verbreitet« seien:

> »Bilde zu einem Gegenstand einen anderen ab, der als Modell dienen kann, um den Betrachter zu veranlassen, einen Vergleich zu ziehen und dem Gegenstand Eigenschaften des Modells zuzuordnen. [...] Unter Gegenständen kann man dem wis-

senschaftlichen Sprachgebrauch entsprechend auch komplexere oder szenische Sachverhalte verstehen.«[271]

Somit bewahrheitet sich auch hier die These, indirekte Bildumsetzungen würden vor allem bei Abstrakta und sonstigen nur schwer umsetzbaren Themengebieten genutzt.

Grotesk ist die hier vorliegende Werbung deshalb zu nennen, weil ein dinglicher Begriff mit einer menschlichen Frau technomorph vermischt wird. Morphologien dieser Art, die eigentlich Unvereinbares miteinander vermischen und so eine neue, fiktive Realität schaffen, wurden von Michael Bachtin ja als »Quintessence des Grotesken«[272] bezeichnet. Auf das Technomorphe als Ausprägung ebenjener Morphologien wurde darüber hinaus bereits im Kapitel 2.2 hingewiesen.

Interessant ist hierbei, dass die Morphologie auf zweierlei Art existiert: Zum einen bildet der Aktenschrank das Äquivalent zum Haar der Frau, zum anderen ist jenes jedoch nicht völlig verschwunden, sondern dient als Werkstoff und Material für den Aktenschrank. Auch in dieser Anzeige kommt dem Grotesken die Funktion des »eyecatchers« zu - das Bild weicht »mehr oder weniger von einem Schema [ab]«[273] und »stimuliert dadurch [die] gedanklichen Aktivitäten [des Empfängers]«[274]. Erneut zeigt sich die Dualität des grotesken Moments auch in der zeitgenössischen Werbung: Mag der Anblick einer menschlichen Frau mit in einen Aktenschrank übergehenden Haaren auf den ersten Blick befremden oder abstoßen, so ist diese Abstoßung doch nicht vollständig genug, als nicht auch Faszination und ein gesteigertes Interesse an der auf den ersten Blick noch unbekannten Intention der Werbung auftreten würden.

---

271 Kroeber-Riel: Bildkommunikation, S. 130.
272 zit. nach Fuß, S. 349.
273 Kroeber-Riel: Bildkommunikation, S. 107
274 Ebd.

Diese Werbung ist gleichzeitig ein weiteres Beispiel für die Verwendung grotesker Stilmittel, ohne dass die Anzeige Gefahr laufen würde, das moralische Empfinden eines Rezipienten zu verletzen. Denn sie rekombiniert lediglich Vorhandenes zu einer künstlichen Figur, Themenfelder wie die Sexualität, die Religion oder andere für das Moralempfinden des Einzelnen maßgebliche Punkte berührt sie nicht. Von einer nachhaltigen und damit ausschlaggebenden Transformationswirkung auf die »Kulturformation« im Sinne Peter Fuß', die etwa durch eine öffentliche Diskussion über die Inhalte der Werbung ausgelöst werden könnte, kann bei dieser Werbung nicht gesprochen werden, da ihre Verfremdung und Rekombination der Realität keinerlei Werte verletzt.[275]

3.3.2.3 Media-Markt[276]

Diese Anzeige des Elektronikkonzerns »Media-Markt« ist das letzte Beispiel für die Verwendung von Techniken des Grotesken in der zeitgenössischen Werbung. Gleichwohl ist seine Bedeutung enorm, kann man an ihm doch fast alle wichtigen Effekte des Grotesken nachweisen und analysieren. Zu sehen ist eine junge Frau in Slip und BH, die sich lasziv auf Knien und Händen abstützt und den Betrachter anblickt. Sie hat in Form einer grotesken Monstrositas-Gestalt drei anstatt zweier Brüste und bückt sich soweit vor, dass diese kaum

---

275 Vgl. Kap. 2.3.2 bzw. S. 121.
276 Vgl. Anhang, Abb. 6, S.165.

noch verhüllt sind.

Der begleitende Werbetext lautet: »Mehr drin, als man glaubt!« bzw. »Media – Markt. Mehr für den Euro«. Schon hier wird deutlich, wieso diese Anzeige zu den Beispielen mit einer indirekten Bildumsetzung zu zählen ist: Das abstrakte Faktum, dass die Produktpalette des »Media-Markt« größer und seine Produktpreise tiefer seien als vom Rezipienten jemals erwartet, wird nicht etwa durch die Abbildung von heruntergesetzten und verbilligten Artikeln vermittelt, sondern mit Hilfe der Darstellung einer Frau, in deren BH eben auch »mehr drin ist, als man glaubt«. Wiederum wird hier ein vollkommen anderer Sachverhalt für die Bewerbung des eher abstrakten und unkonkreten Begriffes »Media-Markt« verwendet; die Anzeige drückt die abstrakte Werbebotschaft vom »Media-Markt« als einem die Erwartungen in jeder Hinsicht übertreffenden Ort durch eine Bildanalogie aus. Dem Betrachter obliegt es, bei der Rezeption der Anzeige den Analogieschluss zwischen dem »Mehrwert« in Bezug auf die Brüste der Frau und dem Mehrwert in Bezug auf den »Media-Markt« zu ziehen.

Das groteske Moment – die monströse Übersteigerung der Körperformen der Frau – hat in dieser Anzeige in größtem Maße die Bedeutung eines »Eye-Catchers«. Generell ist das Motiv des Weiblichen mit einer erhöhten Anzahl von Brüsten ein uraltes und seit jeher benutztes groteskes Thema - bei alten Göttinnendarstellungen in den südamerikanischen und buddhistischen Zivilisationen oder auch im chinesischen Kulturkreis ist der Topos der mehrbrüstigen Frau das zentrale Symbol für Fruchtbarkeit und Empfängnis.[277] Und so zeigt sich auch an dieser Werbung in expliziter Weise die Bedeutung der Dualität zwischen Anziehung (die sehr oft auch erotischer Natur ist) und der Abstoßung durch das Groteske der Darstellung. Die vorliegende

---

277 Vgl. S.24: So erzeugte beispielsweise bei der altgriechischen »Artemis von Ephesos« eine erhöhte Anzahl an Brüsten (bzw. Stierhoden) diesen Effekt.

Abbildung der mehrbrüstigen Frau spielt ganz eindeutig mit dem erotischen Moment, die ganze Anlage der Anzeige ist auf eine verführerische, erotisch-sexuell anziehende Wirkung hin ausgerichtet. So ziehen
die verführerische Pose, die glänzenden Lippen mit dem halb geöffne-
ten Mund, der schon schmachtend zu nennende Blick und – als zentrales Moment – die drei Brüste im nur sehr knappen BH den Betrachter in ihren Bann – allein die rein visuelle Anziehung dürfte somit
beim Rezipienten sehr groß sein. Ein Übriges tut der dunkelrote Hintergrund der Anzeige – schon seit jeher gilt die Farbe rot als Inbegriff
des Erotischen und Verführerischen. Zum anderen aber stößt die Ungestalt der Frau mit ihren drei Brüsten aber auch sehr ab, da die ver-
fremdete Figur extrem real ist und vorstellbarer wirkt als ein Fabelwesen mit einer Kaffeekanne auf dem Rücken. An wohl kaum einer anderen Anzeige dürfte derart klar deutlich werden, wie sich im Gehirn
des Betrachters eine sehr ambivalente Mischung aus Anziehung und
Abstoßung, aus forschendem »thaumazein« und Widerwillen bildet.

Die vorliegende Anzeige ist über die Verwendung von Techniken des
Grotesken hinaus eine provokative Werbung, da sie eine Verletzung
des Schamgefühls vor allem der Frauen bewusst in Kauf nimmt. An
ihr lässt sich nachvollziehen, wie eine Werbekampagne mit Hilfe des
Grotesken durchaus zu einem Medium des kulturellen Wandels im
Sinne Peter Fuß' werden kann.

Nachdem die Anzeige im Dezember 2001 bundesweit plakatiert
worden war, erregte sich in vielen Teilen Deutschlands die Öffentlichkeit über die Werbung. Vor allem im Kölner Raum gingen (vielleicht auch begünstigt durch die streng katholische Bevölkerung)
schon sehr bald Beschwerden beim Deutschen Werberat, beim Media-Markt-Konzern sowie Strafanzeigen bei der Staatsanwaltschaft

ein. In einem Interview mit dem WDR stellte die Kölnerin Ulrike Groß die Gründe für ihre Strafanzeige und ihr Missfallen dar:

> »Ich persönlich finde, dass das ein ganz entsetzliches Plakat ist, weil da eine Frau dargestellt wird, als ob's geklont ist, so als ob es nicht mehr reicht, dass wir Frauen zwei Titten haben, wir müssen jetzt noch eine dritte haben. Außerdem finde ich, dass das Plakat ein unheimlicher Affront ist gegen Frauen, die eine Brust amputiert haben wegen einer Krebsoperation, und es hat mich so entsetzt, dieses Plakat zu sehen, wie schon lange mich nichts mehr entsetzt hat in der Werbung.«[278]

Ganz offensichtlich hatte die Anzeige also das individuelle Moralempfinden von Ulrike Groß verletzt und sie so zu einer Beschwerde und Strafanzeige verleitet. Nachdem auch beim Deutschen Werberat unzählige Beschwerden eingegangen waren, forderte dieser den Media-Markt-Konzern zu einer öffentlichen Stellungnahme auf. Ebenfalls im Interview mit dem WDR legte der Präsident des Werberates, Volker Nickel, die Gründe für diese Aufforderung dar:

> »Ich persönlich bin der Auffassung, dass eine solche Form nicht in die Öffentlichkeit gehört; so darf man nicht für Produkte und Dienstleistungen Werbung betreiben. Werbung, die Frauen diskriminiert, die sie als Objekt und nicht als Subjekt behandelt – ich glaube, das braucht man nicht zu diskutieren.«[279]

Deutlich wird hier, wie der Werberat als Kontrollorgan an der Grenze des Erlaubten zur Bündelungsinstanz der partikulären Moralvorstellungen in der Bevölkerung wird und diese in überindividuelle ethische Richtlinien übersetzt. Aus der Moralvorstellung Frau Groß', das Pla-

---

278 In: »Aktuelle Stunde« (WDR) vom 28.12.2001; hier zit. nach http://wdr.de/cgi-bin/mkram?rtsp://ras01.wdr.de/online/panorama/mediamarkt/werbung.rm, 12.09.2002.
279 Ebd.

kat diskriminiere Frauen, die eine Brust verloren haben, ist in der E-thik des Werberats eine allgemeine Verurteilung einer Objektfunktion der Frauen allgemein geworden. Es bewahrheitet sich also die unter Kapitel 3.2.3 angesprochene Funktion des Rates als Definitionsorgan jener Grenze, die mit Hilfe des Grotesken überschritten und somit erst feststellbar wird.

Schon kurze Zeit später zog der »Media-Markt«-Konzern die umstrittenen Plakate bundesweit zurück und erklärte:

> »Das Poster [...] stellt zweifelsohne eine Ausprägung schrägen Humors dar. Es versteht sich von selbst, dass wir damit niemanden diskriminieren oder beleidigen wollten.«[280]

Der Konzern hatte die von vielen Menschen empfundene Diskriminierung der Frauen angeblich lediglich als »schrägen Humor«, als eine Satire abgetan, deren Werbe- und Gedächtniswirkung man mit Hilfe des Grotesken hatte steigern wollen – eine Haltung, die unschwer als Ausrede zu erkennen ist. Doch trotz dieser Verharmlosung seitens des »Media-Markt« verurteilten befragte Kölner das Plakat als »abnormal« und »fürchterlich«; von einer Passantin wurde gar konstatiert, die abgebildete Blondine sehe aus »wie eine Sau«, bei der nur noch »die Ferkel« fehlten.[281]

Dass indes doch nicht alle Rezipienten die Diskriminierung der Frauen erkennen konnten, zeigen Äußerungen wie jene von Ruth Möller, die angibt, es habe »doch schon ganz andere Werbung« gegeben, weswegen sie sich über diese Anzeige nicht aufregen würde. An dieser Stelle bewahrheitet sich unsere These von den Präzedenzfällen,

---

280 Ebd.
281 Ebd.

die nachfolgende Werbungen harmloser erscheinen lassen und somit die Grenze des Erlaubten weiter nach außen verschieben können.[282] Für Ruth Möller hat sich diese Normgrenze durch andere, noch schlimmere Werbungen so erweitert, dass die etwas weniger provokante »Media-Markt« - Werbung nicht mehr ins Gewicht fällt. Andere Passanten teilten Möllers Ansicht. So urteilte Helmut Zangers schlicht, die Frau auf dem Plakat sei »doch nett anzusehen«.[283]

Am Beispiel dieser Kampagne wird somit einerseits klar, dass eine zu große aktivierende Wirkung im Sinne Kroeber-Riels in der Tat dazu führen kann, dass die Dualität zwischen Anziehung und Abstoßung sich einseitig zur Abstoßung und damit zum Widerwillen gegenüber der Anzeige und dem beworbenen Produkt verschieben kann.[284] Dies gilt vor allem für jene Anzeigen, die provokativ riskieren, die Moralvorstellungen Einzelner zu verletzen.[285]

Auf der anderen Seite dürfte deutlich geworden sein, dass eine groteske Werbung dann das Merkmal eines kulturtransformatorischen Mediums haben kann, wenn sie die Moralvorstellungen Einzelner bzw. die ethischen Richtlinien auf gesellschaftlicher Ebene übertritt. Dadurch, dass die Media-Markt-Anzeige eine Diskussion darüber ausgelöst hat, ob es in der Öffentlichkeit zulässig sei, eine Frau in lasziver Pose und mit drei Brüsten abzubilden, ist eine Unsicherheit im Sinne von Peter Fuß entstanden. In der Kollision mit der »grotesken Rezentrierung« ist der Schein der Unhinterfragbarkeit »durch den Hinweis auf mögliche Alternativen« erschüttert worden.[286] Hatten sich die

---

282 Vgl. diese Studie, S. 121.
283 WDR-Beitrag über Media-Markt:
     http://online.wdr.de/online/panorama/mediamarkt/index.phtml,
     12.09.2002.
284 Vgl. hierzu auch S. 73f..
285 Vgl. Kapitel 3.2.2
286 Fuß, S. 14.

Rezipienten der Werbung vor deren Erscheinen in manchen Fällen vielleicht noch nie die Frage gestellt, ob eine derartige Abbildung erlaubt sei oder nicht, so ist diese Grenze zwischen Erlaubtem und Verbotenem durch den Akt des Übertretens gezogen worden, wie Foucault es formuliert hat. Und somit kann die groteske Werbung – ähnlich wie auch die groteske Literatur – in dem Sinne kulturtransformatorisch wirken, wenn sie eine Diskussion auslöst.

Einen konkreten Effekt einzelner Werbungen etwa im Sinne einer Liberalisierung der Öffentlichkeit oder eines erweiterten Moralempfindens nachzuweisen, fällt – wie schon bei den Literaturbeispielen beobachtet – sehr schwer. Zu viele differente und miteinander konkurrierende Auswirkungen sozialer Prozesse spielen in dieser Hinsicht zusammen.

Doch wenn Niklas Luhmann davon spricht, »alle Evolution [beruhe] auf der Amplifikation von Unsicherheiten, [...] auf dem Einarbeiten von Unsicherheiten in Sicherheiten und von Sicherheiten in Unsicherheiten«[287], so ist dieser Prozess an Werbebeispielen wie dem vorliegenden exzellent zu beobachten.

---

287 Luhmann, S. 78.

4. Fazit – Das Groteske in Literatur und Werbung

Die vorliegende Studie hatte zum Ziel, die Groteskennutzung und – funktion in Literatur und Werbung anhand verschiedener Beispiele darzustellen und zu analysieren. Wir haben zu diesem Zweck zuerst die Geschichte des Groteskenbegriffs und dessen Verwendung in der Vergangenheit beleuchtet und dann zwei Theorien des Grotesken exemplarisch vorgestellt. Zum einen jene Wolfgang Kaysers, der das Groteske als Darstellungsmittel einer »entfremdeten Welt« charakterisierte, deren Dissoziationen durch groteske Gestaltungsmittel konkretisiert würden. Für Kayser gilt das Groteske als Versuch, »das Dämonische in der Welt zu bannen und zu beschwören«[288]. Zum anderen wurde die Theorie des Kölner Germanisten Peter Fuß angeführt, für den das Groteske über die von Kayser genannten Punkte hinaus vor allem ein Medium der kulturellen Transformation sei. Durch das Groteske, so Fuß, werde das in einer Gesellschaft Unerlaubte erst benannt und so die Grenze zwischen Erlaubtem und Verbotenen bestimmt. Es sei das Groteske demzufolge ein »Mechanismus der Kreativität«[289], der das Klassische und Normierte mit dem Neuartigen, Unerlaubten und Unerwarteten konfrontiere und so eine Unentscheidbarkeit produziere – für Fuß kann eine Kulturformation nur durch diesen Vorgang beweglich und fortschrittlich bleiben.

In einem nächsten Schritt haben wir anhand dreier Beispiele aus der Literaturgeschichte die jeweils unterschiedliche Verwendung und Bedeutung des Grotesken herausgearbeitet. In Johann Fischarts »Geschichtklitterung« ist deutlich geworden, wie die Techniken des Grotesken (sprachliche Hyperbolik, Monstrositas-Formen oder die Invertierung der Norm) als ironisch-komische Darstellungsmittel einer »volkstümlichen« Alternative zur Realität genutzt werden. In einer

---

288 Vgl. S. 27ff.
289 Vgl. S. 30ff.

»provokativ-heiteren Umstülpung der geltenden Institutionen und ihrer Hierarchie«[290] zeigt Fischart so humoristisch eine permanente Alternative zum tradierten Ordo auf.

Bei E.T.A. Hoffmann haben wir das Groteske am Beispiel des »Goldnen Topfs« ebenfalls als Ausdrucksmittel einer überaus ambivalenten Welt erkannt. So verwandte Hoffmann Techniken des Grotesken wie die Invertierung, die Chimärenformen oder auch Formen der Morphologien zwischen Tier und Mensch als Darstellungsmittel seiner ambivalenten Weltsicht zwischen der Realität und dem Phantastisch-Irrealen. Bei ihm ist das Groteske die Ausdrucksform einer Ablehnung jedweder Eindimensioniertheit. Indem er im »Goldnen Topf« die Sphären des Bürgerlich-Realen und des Romantisch-Phantastischen gestaltet und darüber hinaus eine dritte – groteske – Sphäre als Mittlerinstanz zwischen beiden einsetzt, drückt Hoffmann seine Überzeugung einer Wahrnehmung der Welt aus, die sowohl einem einseitigen Rationalismus als auch einem zu verklärten Romantizismus eine Absage erteilt.

Als drittes Beispiel aus der Literaturgeschichte haben wir Friedrich Dürrenmatt und sein Stück »Romulus der Große« herangezogen. Bei ihm erscheint die Welt selbst als das groteske Moment - in ihm wird die Unplanbarkeit der Welt durch den Menschen und damit dessen Hilflosigkeit im Angesicht des Zufalls erkennbar. Das Groteske wird bei Dürrenmatt vorrangig als Invertierung gestaltet: Indem die Handlungen der Menschen nicht ihre Intentionen erreichen, sondern sich oftmals in ihr Gegenteil verkehren, drückt Dürrenmatt die Welt als zutiefst widersprüchliches Phänomen aus.

Allen drei Autoren war gemein, dass sie das Groteske als Ausdrucksmittel von Ambivalenzen in der Welt nutzten, welche mit den her-

---

290 Lachmann, S. 15.

kömmlichen Denk- und Sichtweisen nicht erfasst werden können. Indem das Groteske den Rezipienten mit einer anderen (und vielleicht
ebenfalls wirklichen) Realität konfrontiert, wirkt es auch auf das Normierte und scheinbar Unverbrüchliche zurück und stellt es infrage.
Gerade an diesem Punkt, so haben wir festgestellt, zeigte sich die Bedeutung des Grotesken in der Literaturgeschichte in Bezug auf Peter
Fuß Theorie: Dadurch, dass das Groteske den Bereich des Unerlaubten und Ungewohnten sichtbar macht und konkretisiert, definiert es
im Sinne Michael Foucaults gleichzeitig die Grenze zum Erlaubten. So
werden die festgefügt geglaubten Dichotomien aufgelöst und durch
Ambiguitäten ersetzt. Zwar bleibt festzuhalten, dass eine konkrete
Auswirkung eines speziellen grotesken Moments auf die Kulturformation durch die Vielzahl der sie bestimmenden Faktoren nicht nach-
weisbar sein wird. Trotzdem ist deutlich geworden, dass bereits die
Ingangsetzung von Diskussionen über ein zuvor nicht diskutiertes
Thema als Grundvoraussetzung für einen wie auch immer gearteten
Wandel einer Kulturformation angesehen werden muss.

Im zweiten Teil der Studie ging es uns darum, der im ersten Abschnitt
bestimmten Bedeutung des Grotesken in der Literaturgeschichte eine
ebensolche in der zeitgenössischen Werbung gegenüberzustellen und
beide miteinander zu vergleichen. Zu Beginn haben wir uns die zur
Literatur evident unterschiedliche Intention der Werbung vor Augen
geführt: In einer Zeit der Massenkommunikation, in der der Einzelne
ständig mit Informationen vielfältigster Art überschwemmt wird, hat
die Werbung den Zweck, aus der Unzahl der Mitbewerber herauszu-
stechen und so auf das beworbene Produkt aufmerksam zu machen.
Hierbei erkannten wir den Begriff des »eye-catchers« als besonders
wichtig. Mit Hilfe des Grotesken versuchen Werbeanzeigen, möglichst
tief und möglichst lange im Gedächtnis des Betrachters haften zu
bleiben, damit sich dieser bei einem Gang

durch den Supermarkt ebenjener Werbeanzeige erinnert. Das Groteske dient also als Erinnerungsstimulans: Durch die ungewohnte Kombination von miteinander Unvereinbarem wird die Werbung besser memoriert – »je ungewöhnlicher, desto besser«, könnte die verknappte Botschaft lauten.

Die Werbung wird in ihrer Gestaltung von verschiedenen Faktoren begrenzt. So existieren zum einen verschiedene Auflagen der Werbewirtschaft bzw. der verschiedenen Industrien; zum anderen bewegt sich eine Werbeanzeige immer auf dem schmalen Grat zwischen notwendiger Innovation und dem Verbleiben innerhalb der von der Gesellschaft gesteckten Grenzen. Diese Grenzen werden hierbei vor allem durch die persönliche Moralvorstellung der Menschen bestimmt. Sollte eine einzelne Person ihre Moralvorstellung durch eine Werbeanzeige verletzt sehen, so kann sie beim Deutschen Werberat Beschwerde einlegen. Dieser Werberat fungiert sozusagen als »Hüter« der Grenze zwischen dem Erlaubten und dem Unerlaubten; er formuliert allgemeine Werbegrundsätze und übersetzt die individuelle Moral des Einzelnen in eine allgemeiner und weiter gefasste Ethik.

Anhand der Analyse sechs beispielhafter Werbeanzeigen überprüften wir daraufhin die Bedeutung des Grotesken in der modernen Werbelandschaft. Deutlich ist geworden, dass das Groteske in der Werbung vorrangig die Aufgabe der Generierung eines »eye-catchers« hat. Zudem stellten wir fest, dass die Wirkung des Grotesken in der Werbung in den meisten Fällen nicht über jene des »eye-catchers« hinausgeht - sie beläuft sich auf den zu erzielenden Aufmerksamkeitswert und einen damit einhergehenden mnemonischen Effekt. In einem Punkt allerdings mussten wir diese These revidieren: Bei den provokativen Werbungen, zu denen die grotesken Werbungen gehören, ist eine Bedeutung des Grotesken als Medium des kulturellen Wandels dann vorhanden, wenn diese die moralischen bzw. ethischen Vorstellungen des Einzelnen bzw. der Gesellschaft verletzen und so eine Diskussion über die Grenze zwischen dem Erlaubten und dem Unerlaubten anstoßen.

Die Verwendung und Funktion des Grotesken in der Literaturgeschichte und in der zeitgenössischen Werbung unterscheidet sich somit in einem wesentlichen Punkt. Sind Techniken des Grotesken in der Literatur Ausdrucksmittel einer Ambivalenz der Welt und haben sie somit vor allem eine inhaltliche Intention, so ist diese Funktion in der Werbung nicht vorhanden. In zeitgenössischen Werbeanzeigen gelten die Verwendung und Funktion des Grotesken in erster Linie der Aufmerksamkeitsgewinnung und damit einem visuellen Effekt der schnellen und nachhaltigen Rezipierbarkeit.

In beiden Medien fungieren groteske Gestaltungsformen in einigen Fällen insofern als Medium eines kulturellen Wandels, als sie durch die Sichtbarmachung einer Alternative zur Realität eine Diskussion über diese entfachen können. Dies konnten wir beispielsweise bei E.T.A. Hoffmann als Abgrenzung gegenüber anderen Geistesströmungen beobachten; bei der Betrachtung der Werbebeispiele zeigte uns die Media-Markt-Werbung, wie eine Anzeige die Grenzen des Erlaubten überschreiten und so Nährboden für eine öffentliche Diskussion über das Darf und Soll bilden kann.

Es bleibt zu vermuten, dass diese Funktion des Grotesken als eines Mediums des kulturellen Wandels bei der zeitgenössischen Werbung weitaus ausgeprägter ist als in der Literaturgeschichte, da die erstere weitaus schnelllebiger ist, in ungleich größerer Auflage reproduziert wird und somit fast von allen Mitgliedern der Kulturformation fast zwangsweise rezipiert werden muss – ob unbewusst oder bewusst in Zeitung, Fernsehen oder beim Vorbeigehen auf der Strasse. Die Werbung, die uns »berieselt«, können wir uns nicht aussuchen, die

Bücher, die wir lesen, schon. Allein diese Tatsache mag bestätigen, welch ungleich größere Rezeptionswirkung die moderne Werbung als vielleicht einziges Massenmedium jenseits aller Schichten hat.

Als aussagekräftiges Beispiel dafür, dass die Werbung im Allgemeinen (darunter auch die groteske) einen gesellschaftlichen Normenwandel bedingen kann und somit Peter Fuß' These entspricht, kann darüber hinaus die Tatsache gelten, dass der Werbemarkt seit seinem Entstehen vor rund 140 Jahren weiter und weiter liberalisiert wurde. Längst ist erlaubt, was vor Jahren noch verpönt und unschicklich schien. Zwar ist dieser Umstand auch auf die soziokulturellen Veränderungen der Gesellschaft zurückzuführen, die freizügiger und liberaler geworden ist. Doch kann gerade die Werbung durchaus als Avantgarde der Medienentwicklung gesehen werden. Sie schreitet durch ihre Schnelligkeit, Schnelllebigkeit und die beschriebene Notwendigkeit der Extrapolierung mit der Generierung neuer Trends, Tabubrüchen und der ständigen Aktualität vor allen anderen, weitaus behäbigeren Medien voran und ist zumindest in diesen Disziplinen dem Medium Buch weit überlegen. Und folgerichtig hat Dieter Stolte, der ehemalige ZDF-Intendant, einmal formuliert: »Mit dem Wegfall der Werbung würde uns nicht nur Geld, sondern auch ein Stück Modernität verloren gehen.«[291]

---

291 Volker Nickel: Werbung als Avantgarde der Medienentwicklung? Bonn 2002, S. 24.

5. Literaturverzeichnis

BAACKE, ROLF-PETER: Rezeptionsgeschichtliche Anmerkungen zur »Negerplastik«. In: CARL EINSTEIN: Negerplastik. Berlin 1992, S. 153-160.

BACHTIN, MICHAIL: Rabelais und seine Welt. Volkskultur als Gegenkultur. Frankfurt 1995.

BEST, OTTO F. (Hg): Das Groteske in der Dichtung. Darmstadt 1980.

CRAMER, THOMAS: Das Groteske bei E.T.A. Hoffmann. München 1966.

DEUTSCHER SPARKASSEN-VERLAG GMBH / ZENTRAL-VERBAND DER DEUTSCHEN WERBEWIRTSCHAFT e.V. (Hg.): Werbung. Strukturen, Ziele, Grenzen. Bonn 2001.

DEUTSCHER WERBERAT: Homepage unter:
http://www.interverband.com:8080/u-img/69392/

DEUTSCHER WERBERAT (Hg.): Jahrbuch 2002. Bonn 2002.

DUDEN, 19. Auflage, Mannheim 1986.

DÜRRENMATT, FRIEDRICH: Anmerkungen zur Komödie (1952). In: ders.: Theater. Essays, Gedichte, Reden. Zürich 1998, S. 20-25.

DÜRRENMATT, FRIEDRICH: Der Besuch der alten Dame. Zürich 1998.

DÜRRENMATT, FRIEDRICH: Der Richter und sein Henker. Hamburg 1993.

DÜRRENMATT, FRIEDRICH: Die Physiker. Zürich 1985.

DÜRRENMATT, FRIEDRICH: Romulus der Große. Zürich 1998.

DÜRRENMATT, FRIEDRICH: Theater. Essays, Gedichte, Reden. Zürich 1998.

DÜRRENMATT, FRIEDRICH: Theaterprobleme (1954). In: ders: Theater. Essays, Gedichte, Reden. Zürich 1998, S. 31-72.

DÜRRENMATT, FRIEDRICH: Werke. Zürich 1980.

DÜRRENMATT, FRIEDRICH: Werke. Zürich 1991.

EINSTEIN, CARL: Negerplastik. Berlin 1992.

FISCHART, JOHANN: Affentheurlich Naupengeheurliche Geschichtklitterung. Mit einem Auszug aus dem Gargantua des Rabelais. Frankfurt 1997.

FISCHART, JOHANN: Geschichtklitterung. Synoptischer Abdruck der Fassungen von 1575, 1582 und 1590. Halle (Saale) 1969.

FOUCAULT, MICHEL: Zum Begriff der Übertretung (1963). In: ders.: Schriften zur Literatur. Frankfurt 1988, S. 69-89.

FUNIOK, RÜDIGER / UDO F. SCHMÄLZLE: Medienethik vor neuen Herausforderungen. In: Funiok, Rüdiger et al. (Hg.): Medienethik – die Frage der Verantwortung. Bonn 1999, S. 15-35.

FRAENGER, WILHELM: Formen des Komischen. Vorträge 1920-21. Dresden 1995.

FRIEDRICH, HUGO: Montaigne. Bern 1949.

FUSS, PETER: Das Groteske. Ein Medium des kulturellen Wandels. Köln 2001.

GOTTSCHED, JOHANN FRIEDRICH: Versuch einer critischen Dichtkunst vor die Deutschen (1742). Darmstadt 1962.

HALBACH, JULIA: Religiöse Elemente in der Werbung. In: Evangelische Zentralstelle für Weltanschauungsfragen (Hg.): EZW-Texte 1999 (149). Berlin 1999.

HOERNER, WOLFGANG: Im wilden Wald der Wörter. In: JOHANN FISCHART: Affentheurlich Naupengeheurliche Geschichtklitterung. Mit einem Auszug aus dem Gargantua des Rabelais. Frankfurt 1997, S. 9 – 32.

HOFFMANN, E.T.A. : Der goldene Topf. Stuttgart 1994.

HOFFMANN, E.T.A. : Der Sandmann. Frankfurt 1986.

HOFFMANN, E.T.A. : Die Serapionsbrüder. Darmstadt 1963.

HOFFMANN, E.T.A. : Ein Fragment aus dem Leben dreier Freunde. Darmstadt 1968.

HOFFMANN, E.T.A. : Fantasie- und Nachtstücke. Darmstadt 1968.

HOFFMANN, E.T.A. : Rat Krespel. Stuttgart 2002.

KAYSER, WOLFGANG: Das Groteske. Seine Gestaltung in Dichtung und Malerei. Oldenburg 1957.

KAYSER, WOLFGANG: Versuch einer Wesensbestimmung des Grotesken. In: Best, Otto F. (Hg.): Das Groteske in der Dichtung. Darmstadt 1980, S. 40-49.

KILLY, WALTER: Literaturlexikon. Begriffe, Realien, Methoden. Bd. 13, Gütersloh 1992.

KOST, JÜRGEN: Geschichte als Komödie. Zum Zusammenhang von Geschichtsbild und Komödienkonzeption bei Horvàth, Frisch, Dürrenmatt, Brecht und Hacks. Würzburg 1996.

KROEBER-RIEL, WERNER: Bildkommunikation. Imagerystrategien für die Werbung. München 1993.

KROEBER-RIEL, WERNER / FRANZ-RUDOLF ESCH: Strategie und Technik der Werbung. Verhaltenswissenschaftliche Ansätze. Stuttgart 2000.

LACHMANN, RENATE: Vorwort zu: Bachtin, Michail: Rabelais und seine Welt. Volkskultur als Gegenkultur. Frankfurt 1995, S. 7-48.

LUHMANN, NIKLAS: Soziale Systeme. Grundriss einer allgemeinen Theorie. Frankfurt 1984.

MATUSCHEK, STEFAN: Über das Staunen. Eine ideengeschichtliche Analyse. Tübingen 1991.

MAYER, HANS: Die Literatur des künstlichen Paradieses. In: http://www.godenholm.de/3.Ebene/text/k%FCnstliche%20paradies e.htm, 20.09.2002

MÜLLER-SEIDEL, WALTER: Nachwort zu: Hoffmann, E.T.A.: Fantasie und Nachtstücke. Darmstadt 1968, S. 749-770.

MÜLLER-SEIDEL, WALTER: Nachwort zu: Hoffmann, E.T.A.: Die Serapionsbrüder. Darmstadt 1963, S. 999-1026.

MÜHLEMANN, MARTIN CHRISTOPH: Fischarts »Geschichtklitterung« als manieristisches Kunstwerk. Verwirrtes Muster einer verwirrten Welt. Frankfurt/M. 1972.

NICKEL, VOLKER: Mehrwert Werbung. Ökonomische und soziale Effekte von Marktkommunikation. Vielfalt, Wettbewerb, Arbeitsplätze. Bonn 1999.

NICKEL, VOLKER: Werbung in Grenzen. Report über Werbekontrolle in Deutschland. Bonn 1994.

NICKEL, VOLKER: Werbung als Avantgarde der Medienentwicklung? Bonn 2002.

NICKEL, VOLKER: Wie weit darf Werbung gehen? Recht und Tabu. Bonn 2002.

NYSSEN, UTE: Glossar zu Johann Fischart: Geschichtklitterung. Worterläuterungen zum Text der Ausgabe letzter Hand von 1590 nach der Neuausgabe 1963 von Ute Nyssen. Düsseldorf 1964.

PIETZCKER, CARL: Das Groteske. In: Best, Otto F.: Das Groteske in der Dichtung. Darmstadt 1980, S. 85-102.

POSTMAN, NEIL: Wir amüsieren uns zu Tode. Frankfurt 1985.

PREISENDANZ, WOLFGANG: Poetischer Realismus als Spielraum des Grotesken in Gottfried Kellers »Der Schmied seines Glücks«. Konstanz 1989.

RABELAIS, FRANCOIS: Gargantua und Pantagruel. Frankfurt 1994.

REINHARDT, DIRK: Von der Reklame zum Marketing. Geschichte der Wirtschaftswerbung in Deutschland. Berlin 1993.

SCHULTE, VERA: Das Gesicht einer gesichtslosen Welt. Zur Paradoxie und Groteske in Friedrich Dürrenmatts dramatischem Werk. Essen 1987.

STEIG, MICHAEL: Zur Definition des Grotesken. In: Best, Otto F.: Das Groteske in der Dichtung. Darmstadt 1980, S. 69-84.

STEINECKE, WOLFGANG: Nachwort zu: E.T.A. HOFFMANN: Der goldene Topf. Ein Märchen aus der neuen Zeit. Stuttgart 1994, S. 135-151.

STOLLMANN, RAINER: Groteske Aufklärung. Studien zu Natur und Kultur des Lachens. Stuttgart 1997.

WACKER, OTTO: Studien über die groteske Satire bei Johann Fischart. Pforzheim 1927.

WDR-FERNSEHEN:»Aktuelle Stunde« vom 28.12.2001. In: http://wdr.de/cgi-bin/mkram?rtsp://ras01.wdr.de/online/panorama/mediamarkt/werbung.rm, 20.09.2002.

WDR-Homepage: http://online.wdr.de/online/panorama/mediamarkt/index.phtml, 20.09.2002.

X-LIBRIS: Die deutschen Klassiker. CD-ROM, München 1995.

ZENTRALVERBAND DER DEUTSCHEN WERBEWIRT-SCHAFT (Hg.): Spruchpraxis Deutscher Werberat. Bonn 1997.

RÜDIGER ZYMNER: Manierismus. Zur poetischen Artistik bei Johann Fischart, Jean Paul und Arno Schmidt. Paderborn 1995.

Die Werbeanzeigen wurden den Zeitungen COSMOPOLITAN, AMICA, SPIEGEL und TV-TODAY entnommen.

6. Anhang

Abb. 1 Lancia

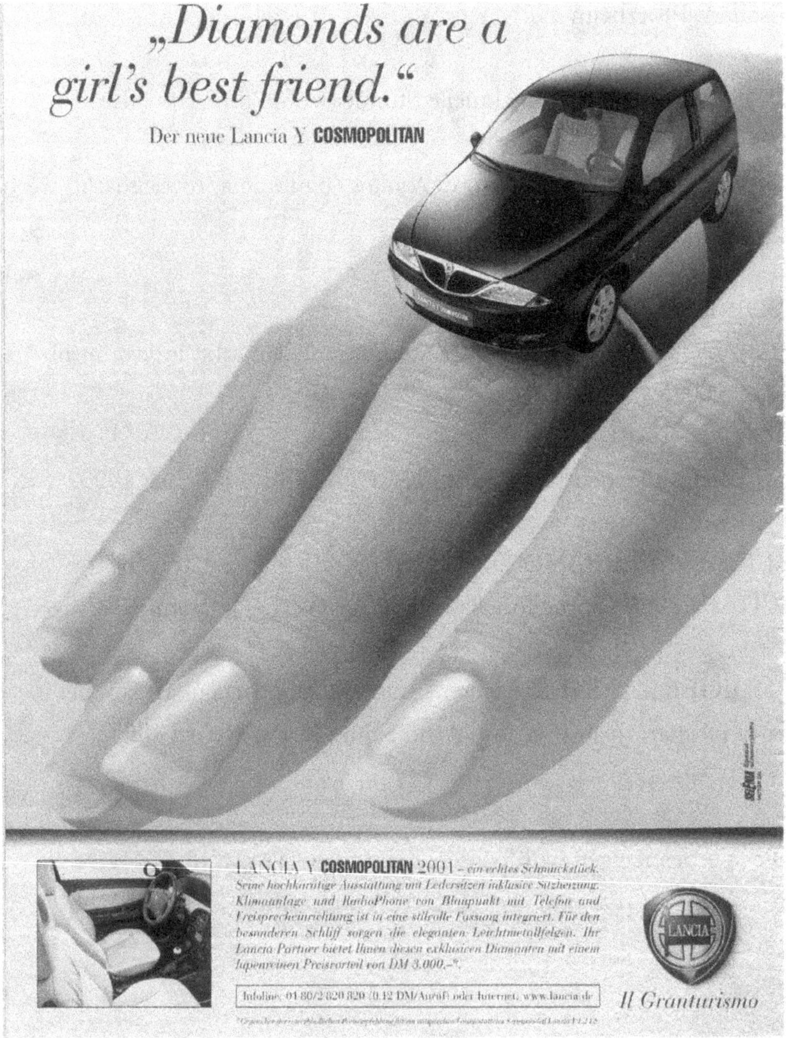

Abb. 2   Cologne – Parfüm

Abb. 3   Smirnoff – Wodka

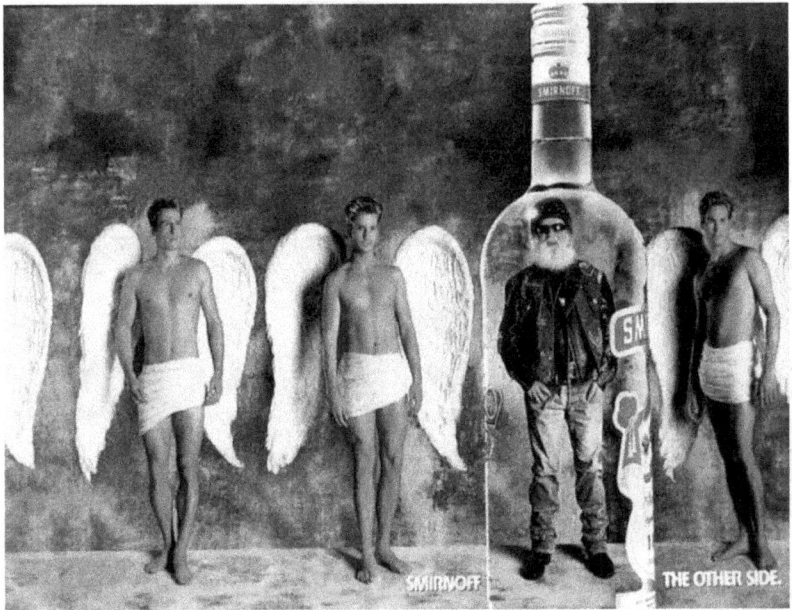

Abb. 4   Microsoft X-Box – Spielekonsole

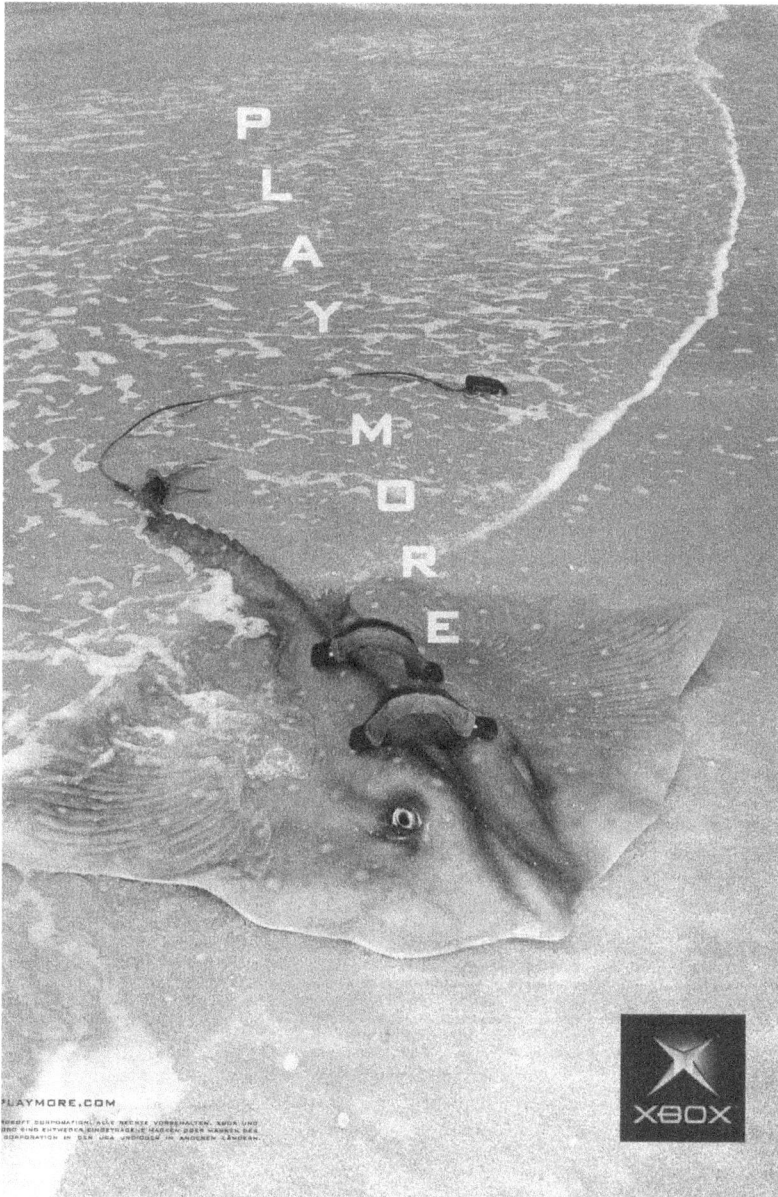

Abb. 5   Sueddeutsche.de – Jobcenter

Abb. 6   Media-Markt

www.ingramcontent.com/pod-product-compliance
Lightning Source LLC
Chambersburg PA
CBHW061318220326

41599CB00026B/4939